はじめに

漢字能力《のうりょく》は日常《にちじょう》生活を送る上で、欠《か》くことのできない基本的《きほんてき》な能力であり、パソコンがふきゅうした現在《げんざい》においても、正しい知識《ちしき》がなければ適切《てきせつ》な文章表現《ひょうげん》はむずかしいといえます。一朝一夕《いっちょういっせき》(わずかな期間)に身につくものではありませんが、書籍《しょせき》、新聞、雑誌《ざっし》を、漢字を意識して読むなど日頃《ひごろ》の努力《どりょく》の積《つ》み重ねが必要《ひつよう》なことはいうまでもありません。

本書は、最近《さいきん》しだいに会社や学校で重要《じゅうよう》な資格《しかく》とみなされるようになってきた**「漢字能力検定《けんてい》」**に合格《ごうかく》できる実力を養《やしな》うことに重点をおいて作成《さくせい》しています。

特色と使い方

本書は**「練習編《へん》」**、**「実力完成《かんせい》編」**の二部構成《こうせい》になっています。

「練習編」は読み書きなどの問題形式別《べつ》とし、効率的《こうりつてき》に練習ができます。各《かく》問題は見開き二ページ、解答《かいとう》は書き込《こ》み式になっています。チェックらんを利用《りよう》して、繰《く》り返し練習することが上達《じょうたつ》のコツです。

「実力完成編」は検定と同じ形式、問題数のテストで、検定前に、漢字能力の最終《さいしゅう》点検や弱点チェックをすることができます。

巻末《かんまつ》にある**「資料《しりょう》」**には配当漢字表をのせているので、漢字の読み、部首などの確認《かくにん》ができます。

また、**「答え」**は答え合わせのしやすい別冊《べっさつ》とし、まちがえやすいところは「×」でしめし、**「チェックしよう」**は重要《じゅうよう》な語句《ごく》や漢字知識の解説《かいせつ》で、幅広《はばひろ》い漢字力の養成《ようせい》に役立つ工夫《くふう》をしています。

目次

漢字検定8級 トレーニングノート

本書に関する最新情報は，当社ホームページにある**本書の「サポート情報」**をご覧ください。(開設していない場合もございます。)

1 漢字の読み ❶

よく出る

合かく 29~36
もう一歩 19~28
がんばれ 0~18
とく点

つぎの――線の漢字の読みがなを――線の右に書きなさい。

□ 1 農薬を使わず野菜《さい》を育てる。
□ 2 かん単《たん》な仕事をたのまれた。
□ 3 町の中央に市役所がある。
□ 4 軽い食事をしてから、外出した。
□ 5 おじさんは、新聞社の部長だ。
□ 6 車庫のシャッターを上げる。
□ 7 夏休みに九州を旅行する。
□ 8 交通ルールは、ぜっ対に守る。

□ 9 母に洋服を買ってもらった。
□ 10 学校から帰って、すぐ宿題をする。
□ 11 大きなカバンを、せ中に負う。
□ 12 あの山道を歩くのは、苦しい。
□ 13 この文は、主語が明らかではない。
□ 14 大きな都市には、緑地が少ない。
□ 15 他人の言うことも、聞いてみよう。
□ 16 外は寒いので、セーターを着る。

□ 17 マンションの 四階 に住んでいる。

□ 18 この公園にはいろいろな 遊具 がある。

□ 19 あの方は 社交界 の花形だ。

□ 20 向かい風が、ふいてきた。

□ 21 空港 まで、電車で一時間だ。

□ 22 作業 は、あと十分で終わりそうだ。

□ 23 虫歯 が、ずきずきいたむ。

□ 24 羊 の毛から毛糸を作る。

□ 25 ここは、母の通っている 病院 だ。

□ 26 学校の 代表 として発言する。

□ 27 ダムの水を 放流 する。

□ 28 畑 の土をたがやす。

□ 29 新しい 商品 が売り出される。

□ 30 七月の終わりに 暑中 見まいを出す。

□ 31 全速力 で走ったので、つかれた。

□ 32 夏休みには、北海道《ほっかいどう》の 旅 をする。

□ 33 ナイフで手を切り、血 が出た。

□ 34 なべに少しの水を 注 ぐ。

□ 35 公園で弟といっしょに 遊 ぶ。

□ 36 休日を 返上 して働《はたら》く。

2 漢字の読み ②

つぎの――線の漢字の読みがなを――線の右に書きなさい。

よく出る

合かく 29~36
もう一歩 19~28
がんばれ 0~18
とく点

□ 1 母の身長に近づいてきた。
□ 2 節分《せつ》には、豆をまく。
□ 3 大きな氷山が見えてきた。
□ 4 家族みんなでデパートに行く。
□ 5 古くは、奈良《なら》にも都があった。
□ 6 このノートは、国語で使うものだ。
□ 7 この地区には、田んぼが多い。
□ 8 あの島の人口は、三千人だ。

□ 9 公園で、少し休息をとろう。
□ 10 手でハエを追う。
□ 11 中庭でパーティーを行う。
□ 12 ゆるやかな坂道を歩く。
□ 13 つり上げた小魚を川に放す。
□ 14 午前九時に、学校に集合する。
□ 15 友だちは、暗算が苦手だ。
□ 16 そろそろ田植えの季《き》節だ。

□ 17 この曲は、みんなで歌おう。

□ 18 高くとぶためには、助走が必要《ひつよう》だ。

□ 19 先生の車に同乗する。

□ 20 うどんは消化がよい。

□ 21 黒板をきれいにふく。

□ 22 大きな皿をわってしまった。

□ 23 寒いので、マフラーを首にまいた。

□ 24 人間は、みな平等である。

□ 25 あの人なら、何の心配もない。

□ 26 ぼくは、神様を信《しん》じている。

□ 27 までを開け放しにする。

□ 28 熱《ねっ》湯に気をつける。

□ 29 おじさんの死にぎわに会えた。

□ 30 鉄橋をわたると、となりの町だ。

□ 31 湖上をボートが走っている。

□ 32 虫にさされて、皮ふが赤い。

□ 33 父は、歯科医院に通っている。

□ 34 大山君が、まだ来ていません。

□ 35 リレーの順《じゅん》番が定まった。

□ 36 地球は、金星よりも大きい。

3 漢字の読み ❸

合かく 29~36
もう一歩 19~28
がんばれ 0~18
とく点

つぎの――線の漢字の読みがなを――線の右に書きなさい。

□ 1 世の中には、良《よ》いことがある。

□ 2 みんなでいっせいに起立する。

□ 3 あの人は、勉学にはげんでいる。

□ 4 先生に指名される。

□ 5 スープの味見をする。

□ 6 幸運なことが続《つづ》いた。

□ 7 石につまずいて転ぶ。

□ 8 母にかわって、ふくろを持つ。

□ 9 父は、虫を研究している。

□ 10 新聞の号外が出る。

□ 11 あの打者は、チャンスに弱い。

□ 12 おじいさんは、船医だった。

□ 13 兄は、根気強くがんばっている。

□ 14 何も言わずに立ち去る。

□ 15 母と、お宮参《まい》りに行く。

□ 16 今でも申しこみはできます。

□ 17 サッカーで先取点をとる。

□ 18 銀行にお金をあずける。

□ 19 兄は、会社の係長だ。

□ 20 父が洋酒を買う。

□ 21 反対の人は手をあげてください。

□ 22 兄は、小学校の教員になった。

□ 23 受話器《き》を手にとる。

□ 24 鼻がかゆくて、がまんできない。

□ 25 おじいさんは、いなかに住んでいる。

□ 26 冬が、急ぎ足でやってきた。

□ 27 苦楽をともにする。

□ 28 母の生家は、山林の地主だった。

□ 29 みんなでベルマークを集める。

□ 30 福引きで、テレビが当たった。

□ 31 わずか数秒の差《さ》でやぶれた。

□ 32 幸いなことに、みんな元気だった。

□ 33 シャツの上にセーターを重ねた。

□ 34 古い家屋がならんでいる。

□ 35 父は、人一倍働《はたら》いている。

□ 36 広場は、バスの終点になっている。

4 漢字の読み ❹

つぎの——線の漢字の読みがなを——線の右に書きなさい。

合かく 29~36
もう一歩 19~28
がんばれ 0~18
とく点

□ 1 あの人は、命のおん人だ。

□ 2 石につまずき、足から出血した。

□ 3 たばこのすいがらを拾う。

□ 4 これは、父が所有する車だ。

□ 5 本当の悪人というものはいない。

□ 6 秋になっても、まだ暑い。

□ 7 物語の第三章を読む。

□ 8 書店で雨宿りをする。

□ 9 川岸をジョギングする。

□ 10 妹といっしょに登校する。

□ 11 チームは、守びについた。

□ 12 教育は、何よりも大切だ。

□ 13 あの選《せん》手は、期待されている。

□ 14 竹は、初《しょ》夏に落葉する。

□ 15 思ったことを帳面に書く。

□ 16 母から、悲しい知らせを聞く。

□ 17 高村光《たかむらこう》太郎《たろう》の 詩 を読む。

□ 18 あの店では、 軽 食 もとれる。

□ 19 毎日ピアノの 練 習 をする。

□ 20 電話で 問 い合わせをする。

□ 21 デパートの前は、 バス 乗 り場だ。

□ 22 部屋の 温 度 を調節《せつ》する。

□ 23 生 死 に関《かか》わる大問題だ。

□ 24 予 想 もつかないことだ。

□ 25 ことわざの 由 来 を聞く。

□ 26 そのニュースは、 全 く知りません。

□ 27 柱 時 計 が五時を打つ。

□ 28 水をかけて、 たき火を 消 す。

□ 29 山の中で、 口 笛 をふく。

□ 30 角を右に 曲 がると、 学校が見える。

□ 31 体 重 が少しずつふえている。

□ 32 旅人がこの町を 去 る。

□ 33 前 夜 祭 が行われている。

□ 34 おくれた時計を 調 整 する。

□ 35 兄は、 県 立 高校に通っている。

□ 36 王子に 仕 える家来の話を読む。

5 漢字の読み ⑤

合かく 29~36
もう一歩 19~28
がんばれ 0~18
とく点

つぎの――線の漢字の読みがなを――線の右に書きなさい。

□ 1 駅前にデパートがある。
□ 2 母は、いつも朝六時に起きる。
□ 3 先生にお礼を申しあげる。
□ 4 次女は中学生だ。
□ 5 夏休みにお化け大会がある。
□ 6 あの人のやり方は、投げやりだ。
□ 7 あわてていすから落ちる。
□ 8 あの人の行いには、いつも感心する。

□ 9 強い寒波がやってくる。
□ 10 海岸を、友だちと歩く。
□ 11 新しいルールが決まる。
□ 12 東北には、美人が多いそうだ。
□ 13 受け答えが、ていねいな人だ。
□ 14 客船で外国に行く。
□ 15 今は、二十一世紀《き》である。
□ 16 真夜中に目が覚《さ》めた。

□ 17 始発 の電車は、朝六時だ。

□ 18 その水は 飲用 ではない。

□ 19 オランダの 大使 と会う。

□ 20 入学式 は、四月三日だ。

□ 21 悪気 があったわけではない。

□ 22 箱 に入ったチョコレートを買う。

□ 23 あのえい画の 見所 はどこですか。

□ 24 友だちは、泳 ぎがうまい。

□ 25 うでずもうの 勝負 をする。

□ 26 みかんがたくさん 実 る。

□ 27 重い 病 に打ち勝つ。

□ 28 取 っ手を強くにぎる。

□ 29 こまっているお年よりを 助 ける。

□ 30 友だちは、クラスの 人気者 だ。

□ 31 あの人は、ここの 館長 だ。

□ 32 山にスギのなえ木を 植林 する。

□ 33 小さな体に、大きなゆめを 育 む。

□ 34 七五三で 神社 にお参《まい》りする。

□ 35 君 の名前を教えてください。

□ 36 市役所 は、この通りにある。

6 漢字の読み ⑥

つぎの――線の漢字の読みがなを――線の右に書きなさい。

☐ 1 冬は、午前六時でもまだ暗い。

☐ 2 そこは、古い王宮のあとだ。

☐ 3 あの人は、向学心にもえている。

☐ 4 手始めに、それからかたづけよう。

☐ 5 トラックから荷物をおろす。

☐ 6 秋もだいぶ深まってきた。

☐ 7 母に童話を読んでもらう。

☐ 8 石炭は、日本でもとれる。

☐ 9 一丁目の角に、書店がある。

☐ 10 多くの人で、身動きできない。

☐ 11 先生への手紙を、筆で書く。

☐ 12 はんだんを会長に委ねる。

☐ 13 父は、急用で外出した。

☐ 14 つくえの上をきれいに整える。

☐ 15 兄は、運送会社で働《はたら》いている。

☐ 16 相手のことも考えてみよう。

合かく 29~36
もう一歩 19~28
がんばれ 0~18
とく点

□ 17 午前九時に開会した。

□ 18 船は、北に進路をとった。

□ 19 ここは、ぶ士《し》の館のあとだ。

□ 20 大金を所持する。

□ 21 行列の後ろにならぶ。

□ 22 トラックが横転する。

□ 23 両親は元気でいます。

□ 24 先生に指名される。

□ 25 漢数字で書きなさい。

□ 26 字をノートに書き写す。

□ 27 友だちに次いで、二位《い》になった。

□ 28 その考えにも、一長一短がある。

□ 29 あと五分で一時間目が終わる。

□ 30 本局は、東京《とうきょう》にある。

□ 31 おばあさんから昔話を聞く。

□ 32 わたしは水泳が得《と》意《く》だ。

□ 33 連《れん》係プレーがうまくいった。

□ 34 これは、食べられる木の実だ。

□ 35 来月、父は高校時代の級友と会う。

□ 36 父は、昭和五十年生まれだ。

7 漢字の書き ①

よく出る

合かく 42~52
もう一歩 27~41
がんばれ 0~26
とく点

つぎの□の中に漢字を書きなさい。

□ 1 [1]□《みじか》い言[2]□《ば》で返事をする。

□ 2 家の[3]□《や》[4]□《ね》にアンテナを立てる。

□ 3 道をわたる時は[5]□《ちゅう》[6]□《い》する。

□ 4 [7]□《に》[8]□《もつ》を車にのせる。

□ 5 [9]□《なみ》を立てて、船が[10]□《みなと》を出た。

□ 6 家族みんなで[11]□《しゃ》[12]□《しん》をとる。

□ 7 京都《きょうと》で[13]□《ゆう》名なお[14]□《まつ》りを見る。

□ 8 [15]□《か》つ時も[16]□《ま》ける時もある。

□ 9 川の上[17]□《りゅう》から木材《ざい》を[18]□《はこ》ぶ。

□ 10 [19]□《つぎ》の角を、右に[20]□《ま》がる。

□ 11 自分で考えて[21]□《けっ》[22]□《てい》する。

□ 12 学級文[23]□《こ》の本は自[24]□《ゆう》に読める。

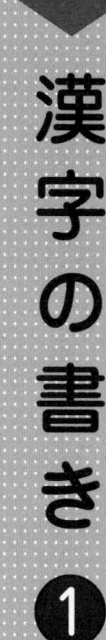

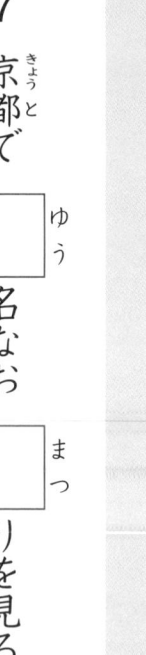

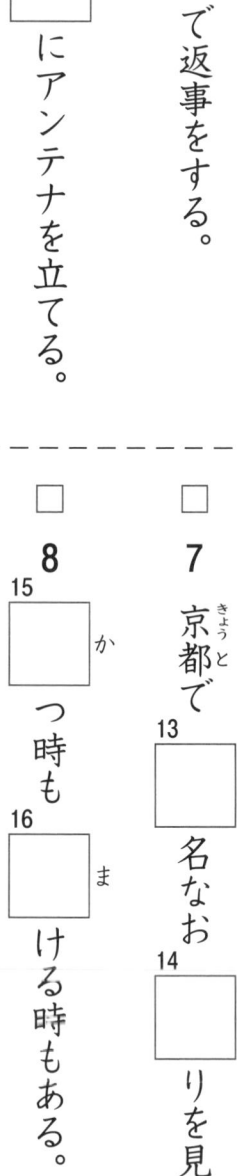

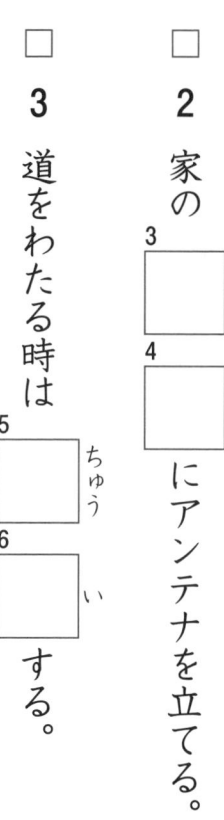

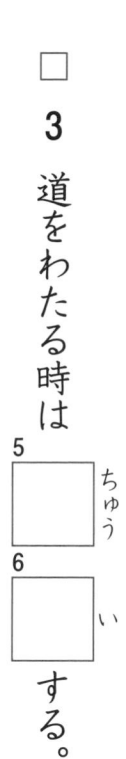

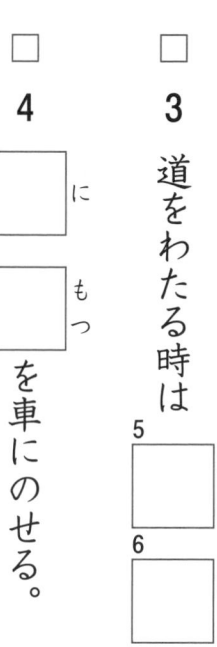

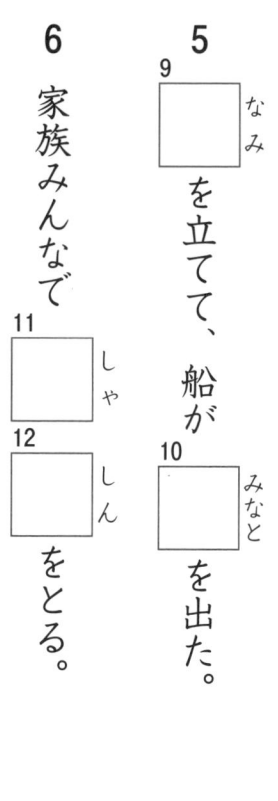

□ 13 無《む》人[25]□《とう》で石[26]□《ゆ》が出た。

□ 14 [27]□《きょ》年の夏は富士山《ふじさん》に[28]□《のぼ》った。

□ 15 [29]□《しん》夜に町を出[30]□《ぱつ》した。

□ 16 父は、魚の[31]□《けん》[32]□《きゅう》をしている。

□ 17 [33]□《とう》ふ一[34]□《ちょう》を、一人で食べる。

□ 18 歯[35]□《い》[36]□《しゃ》さんが虫歯を治《なお》す。

□ 19 [37]□《ゆび》を折《お》って数え、正月を[38]□《ま》つ。

□ 20 えん[39]□《ぴつ》で手[40]□《ちょう》にメモをする。

□ 21 [41]□《こおり》を入れた水をたっぷり[42]□《の》む。

□ 22 新しい[43]□《と》市作りを[44]□《すす》める。

□ 23 数[45]□《しき》は[46]□《よこ》書きで書く。

□ 24 クラス[47]□《い》[48]□《いん》に選《えら》ばれる。

□ 25 友だちに[49]□《じゅう》[50]□《しょ》を聞く。

□ 26 [51]□《えき》までは自[52]□《てん》車を使っている。

8 漢字の書き ❷

つぎの□の中に漢字を書きなさい。

□ 1 1□《やど》の前は、バス2□《の》り場だ。

□ 2 りんご3□《のう》園には十時に4□《つ》く。

□ 3 5□《いた》の6□《ま》ん中にボールが当たる。

□ 4 文7□《しょう》をとことん8□《ね》る。

□ 5 家9□《じ》を10□《いそ》ぐ。

□ 6 この家の11□《しゅ》人は、とても12□《よう》気だ。

□ 7 中13□《おう》本線を西に14□《む》かう。

□ 8 みんなの15□《やく》目を16□《き》める。

□ 9 母は、17□《は》が18□《わる》いようだ。

□ 10 九19□《しゅう》地方の20□《けん》ざかいに引っこす。

□ 11 図書21□《かん》は、午前九時に22□《あ》く。

□ 12 23□《たび》に出るので、早24□《お》きする。

＼よく出る／

合かく 42~52

もう一歩 27~41

がんばれ 0~26

とく点

□ 13 25□《にが》い26□《あじ》がする食べもの。

□ 14 27□《し》28□《おく》りがとどく。

□ 15 29□《しん》父さんの話が30□《はじ》まる。

□ 16 友だちに31□《そう》32□《だん》してみよう。

□ 17 休33□《そく》することも34□《じゅう》要《よう》だ。

□ 18 親35□《ぞく》一同が、家に36□《あつ》まる。

□ 19 そ母は、五年前に37□《し》38□《きょ》した。

□ 20 39□《しん》長は、母とほぼ40□《ひと》しい。

□ 21 お金の41□《つか》い方を42□《はん》省《せい》する。

□ 22 方言を聞くと、43□《どう》心に44□《かえ》る。

□ 23 45□《しな》46□《もの》を店に出す。

□ 24 47□《かん》方48□《やく》を買う。

□ 25 49□《すみ》焼《や》き小50□《や》が見える。

□ 26 二51□《かい》から52□《ひ》鳴が聞こえる。

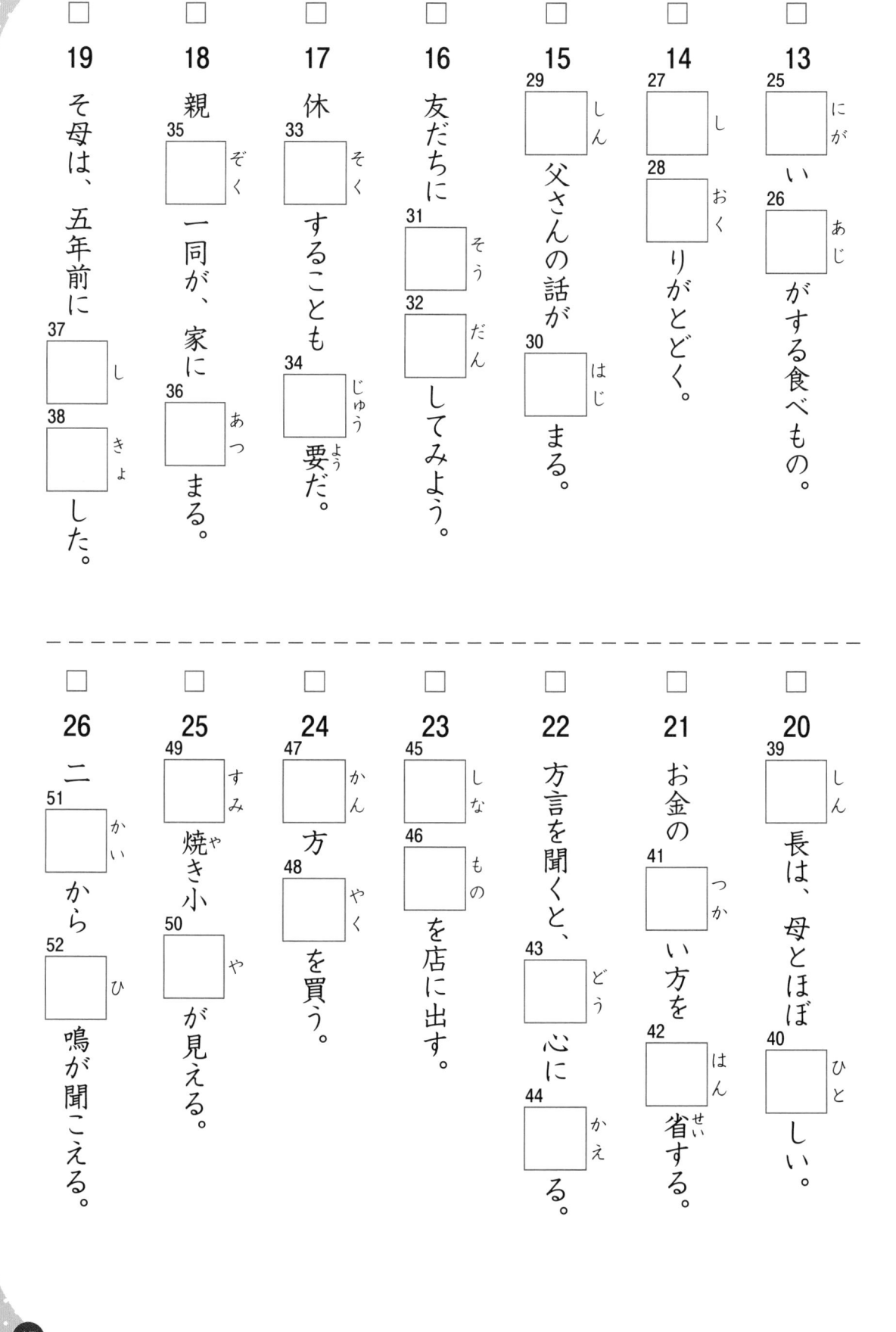

9 漢字の書き ③

合かく 42～52
もう一歩 27～41
がんばれ 0～26
とく点

つぎの□の中に漢字を書きなさい。

□ 1 [1]□《へい》[2]□《わ》は、何よりもとうとい。

□ 2 カップめんに[3]□《ゆ》を[4]□《そそ》ぐ。

□ 3 この町は、[5]□《しょう》[6]□《ぎょう》がさかんだ。

□ 4 [7]□《ちょう》[8]□《み》料《りょう》を少し入れる。

□ 5 [9]□《よう》毛でできた人形で[10]□《あそ》ぶ。

□ 6 フランス[11]□《よう》[12]□《しき》をまねた公園。

□ 7 梅《うめ》の[13]□《み》を[14]□《やす》く買った。

□ 8 午後は、[15]□《びょう》[16]□《いん》に行く。

□ 9 下[17]□《きゅう》生と公園で[18]□《ま》ち合わせる。

□ 10 なまけると[19]□《らく》[20]□《だい》するよ。

□ 11 [21]□《はし》をわたって、お[22]□《みや》に入る。

□ 12 案内《あんない》[23]□《がかり》に[24]□《き》用される。

□ **13** 家 25□《ぐ》を倉《そう》 26□《こ》から出す。

□ **14** この海は、27□《ゆう》28□《えい》きん止だ。

□ **15** 29□《にわ》で 30□《ころ》んで、けがをする。

□ **16** 31□《はしら》時計が、三時を 32□《う》つ。

□ **17** 33□《み》34□《うご》きがとれない。

□ **18** 体を 35□《そ》らせてボールを 36□《な》げる。

□ **19** 衣《い》37□《ふく》を、きれいに 38□《ととの》える。

□ **20** 姉は、39□《たん》40□《き》大学の学生だ。

□ **21** 41□《むかし》も今も、パリは花の 42□《みやこ》だ。

□ **22** ゆりの 43□《きゅう》44□《こん》をもらう。

□ **23** 45□《みずうみ》の生き物を 46□《まも》る。

□ **24** 木々《きぎ》の 47□《みどり》が、とても 48□《うつく》しい。

□ **25** 汽 49□《てき》を鳴らして船が 50□《みなと》に着く。

□ **26** 51□《おも》い 52□《やまい》に打ち勝つ。

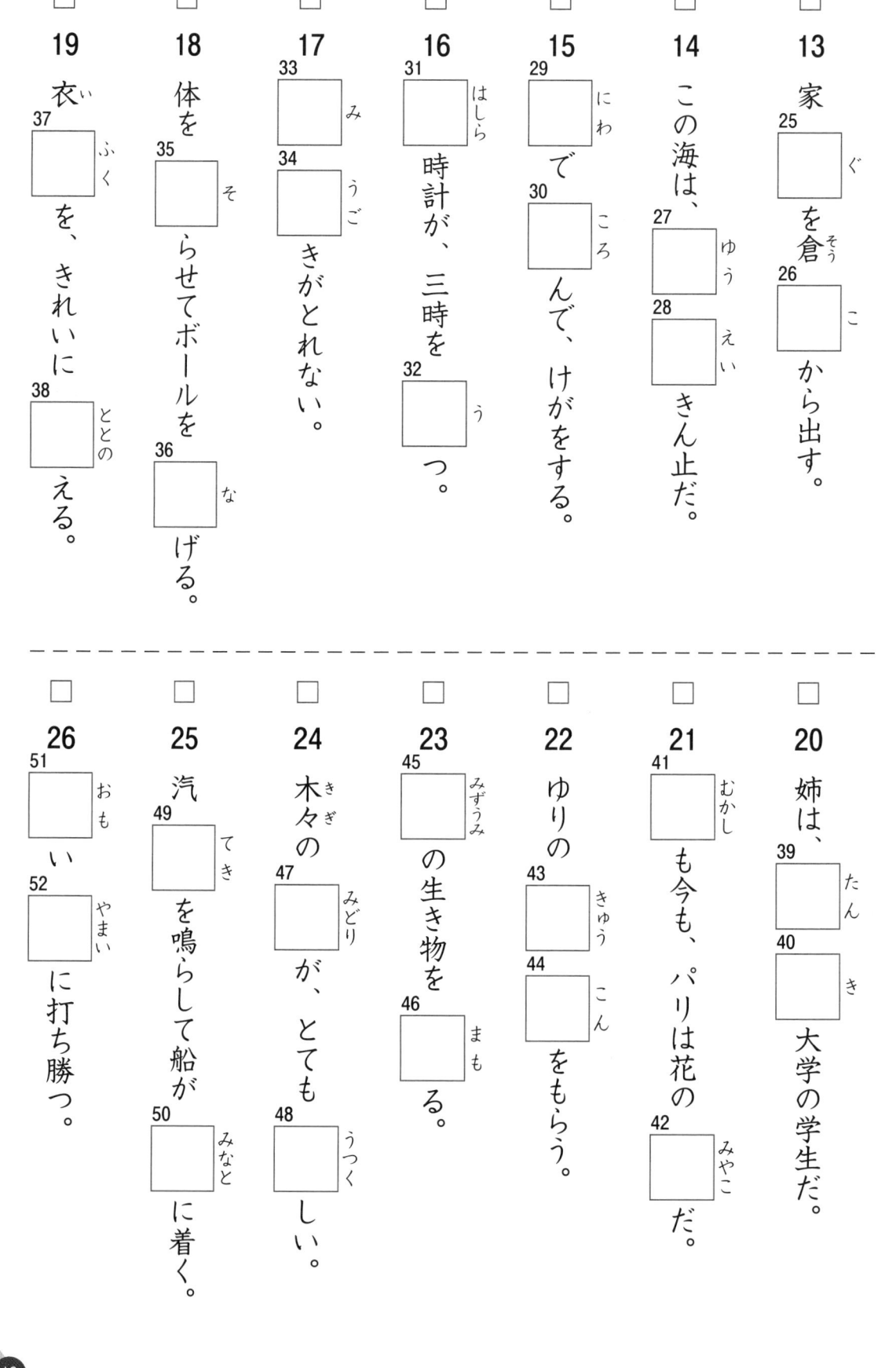

10 漢字の書き ④

合かく	もう一歩	がんばれ	とく点
42~52	27~41	0~26	

つぎの□の中に漢字を書きなさい。

1 校 1□《てい》に一 2□《れつ》にならぶ。

2 たなの中に、3□《くすり》4□《ばこ》をしまう。

3 病気は、ますます 5□《あっ》6□《か》した。

4 テニスの 7□《たま》を 8□《ひろ》う。

5 この回から、9□《とう》手が 10□《か》わる。

6 11□《きみ》の考えに 12□《ゆだ》ねよう。

7 13□《ぎん》紙を 14□《つか》って、つるを折《お》る。

8 15□《こ》16□《めん》に森の木がうつる。

9 どうにか 17□《し》18□《めい》をはたした。

10 ラジオの電 19□《ぱ》を 20□《じゅ》信《しん》する。

11 九回 21□《おもて》に、22□《だ》順《じゅん》がまわる。

12 23□《すべ》ての日ていを 24□《お》える。

□ 13 人間の25□《あ》り26□《よう》を考える。

□ 14 テニスの27□《れん》28□《しゅう》をする。

□ 15 29□《ぶ》室のまどを30□《あ》ける。

□ 16 31□《きゃく》の案《あん》内を引き32□《う》ける。

□ 17 33□《はた》地にナシの木を34□《う》える。

□ 18 五35□《ばい》の電36□《ちゅう》が必要《ひつよう》だ。

□ 19 台37□《どころ》に野菜《さい》を38□《はこ》ぶ。

□ 20 39□《しょく》林活40□《どう》に参加《さんか》する。

□ 21 用41□《ぐ》入れの中に42□《ふで》をしまう。

□ 22 兄は、43□《ひら》44□《およ》ぎがうまい。

□ 23 社会には、多くの45□《もん》46□《だい》がある。

□ 24 兄は、47□《けっ》48□《そう》を変《か》えた。

□ 25 49□《おく》内は、外より高50□《おん》だ。

□ 26 昼夜では、51□《かん》52□《しょ》の差《さ》が大きい。

11 漢字の書き ⑤

合かく 42~52
もう一歩 27~41
がんばれ 0~26
とく点

つぎの□の中に漢字を書きなさい。

□ 1 [1]□《ろ》線バスで[2]□《りょ》行をする。

□ 2 川の[3]□《なが》れは、とても[4]□《はや》い。

□ 3 [5]□《おも》な用[6]□《じ》は、もうすんだ。

□ 4 まだ見[7]□《なら》い中の[8]□《じょ》手だ。

□ 5 本を読んで[9]□《かん》[10]□《そう》文を書く。

□ 6 町民[11]□《しゅう》会が、午後に[12]□《ひら》かれる。

□ 7 [13]□《らく》書きを、きれいに[14]□《け》す。

□ 8 市外[15]□《きょく》番を[16]□《しら》べる。

□ 9 [17]□《くる》しまぎれの答えを[18]□《かえ》す。

□ 10 スペインの王[19]□《さま》に[20]□《つか》える。

□ 11 ぼんおどりは、夏の風[21]□《ぶつ》[22]□《し》だ。

□ 12 地下[23]□《てつ》で行くことに[24]□《き》める。

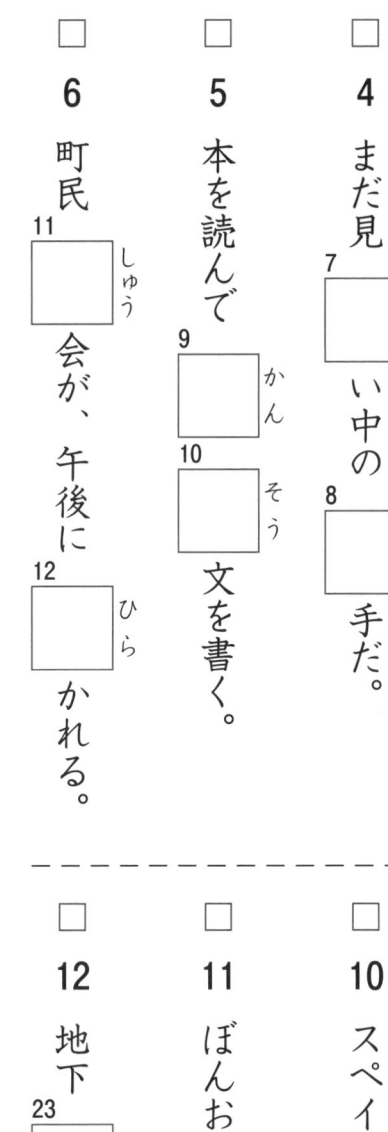

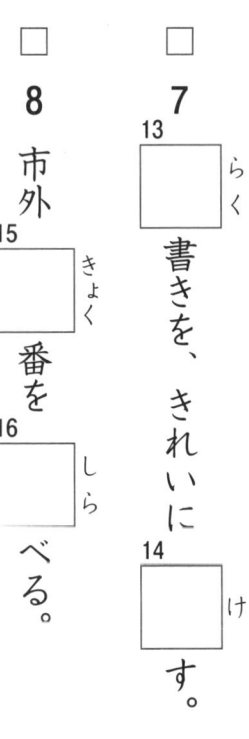

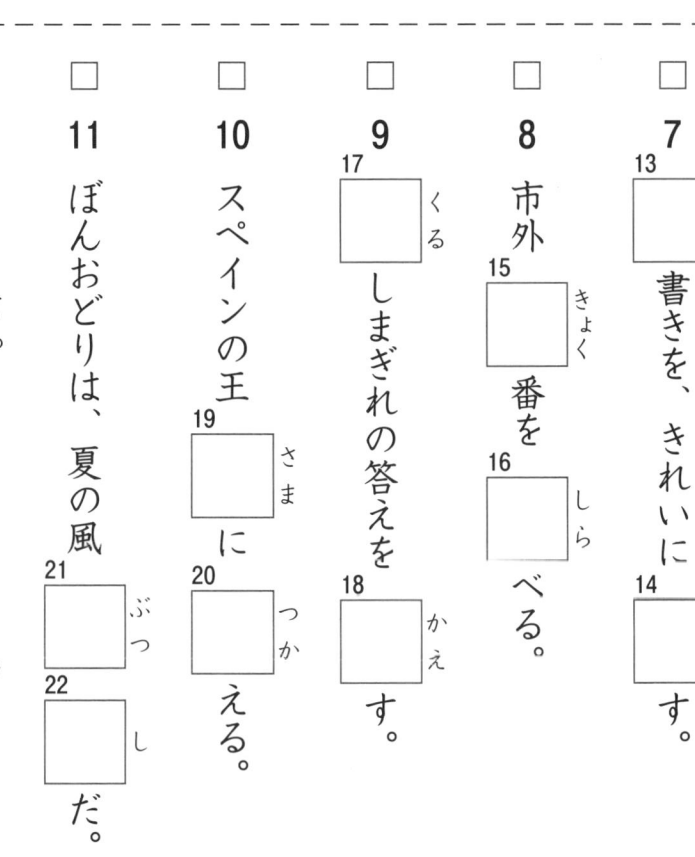

□ 13 バスの 25□《じょう》26□《きゃく》は五人だ。

□ 14 これは、27□《しゃ》28□《じつ》的《てき》な絵だ。

□ 15 29□《はたけ》で麦を 30□《そだ》てる。

□ 16 父は 31□《しょう》32□《わ》五十年生まれだ。

□ 17 黒 33□《まめ》を、みんなに分 34□《ぱい》する。

□ 18 35□《ふく》の 36□《かみ》がまいこむ。

□ 19 町の 37□《く》画 38□《せい》理が行われる。

□ 20 39□《きゅう》行 40□《れっ》車が走っている。

□ 21 お気に入りの 41□《ふく》を 42□《き》る。

□ 22 かいネコが 43□《し》んで、44□《かな》しい。

□ 23 45□《せ》46□《かい》地図を広げる。

□ 24 父は、47□《よう》48□《しゅ》が好《す》きだ。

□ 25 海 49□《がん》の民《みん》50□《しゅく》にとまる。

□ 26 51□《りょう》52□《めん》テープをはる。

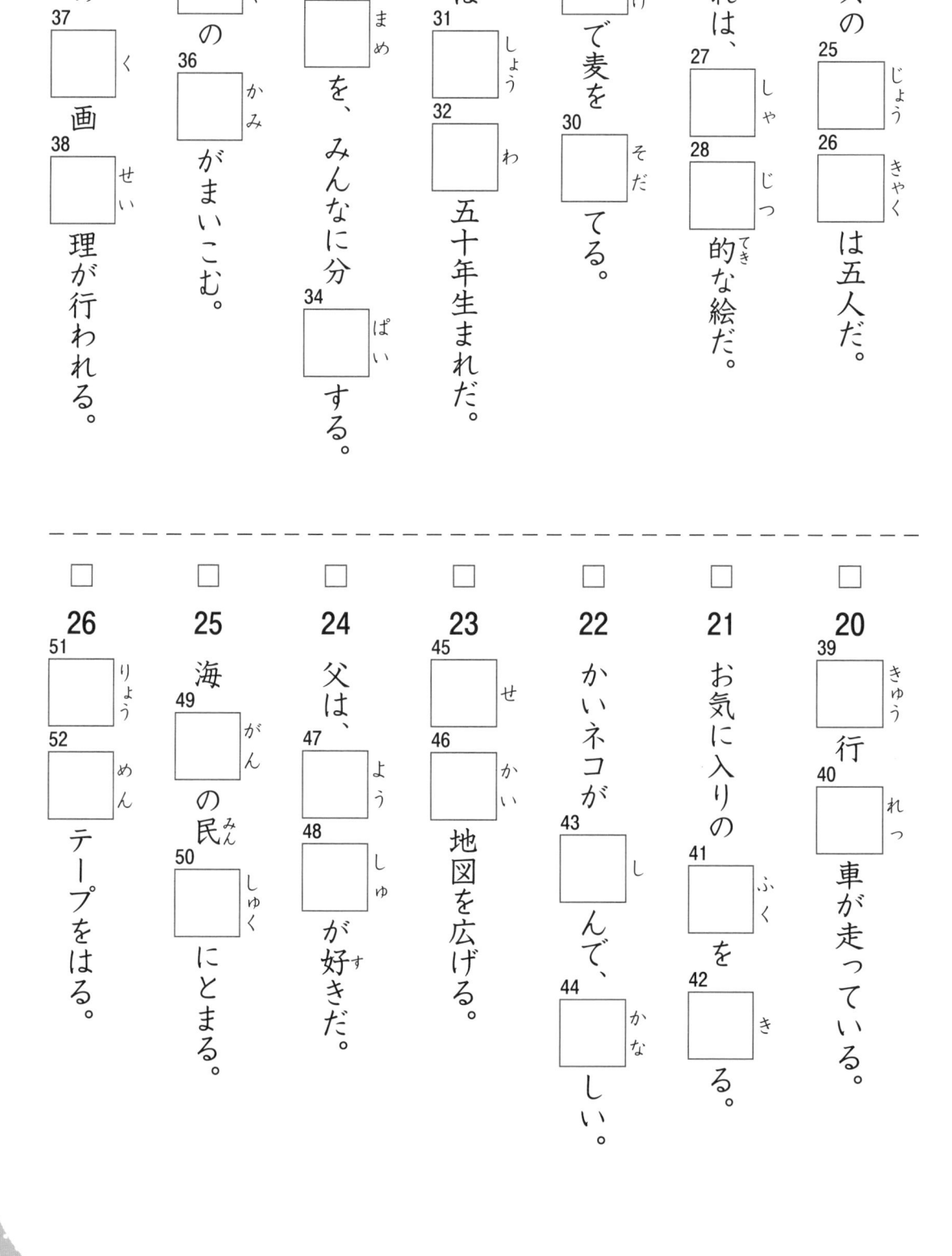

12 漢字の書き 6

つぎの□の中に漢字を書きなさい。

□ 1 お(1)□《さら》に、大(2)□《ず》がのっている。

□ 2 けむりが(3)□《き》え(4)□《さ》る。

□ 3 おじの(5)□《す》む家は、(6)□《みずうみ》の近くだ。

□ 4 五ひきの(7)□《ひつじ》を、野に(8)□《はな》つ。

□ 5 (9)□《あん》(10)□《ごう》を読みとく。

□ 6 来年(11)□《ど》の(12)□《よ》算を考える。

□ 7 あの(13)□《きょく》は、音(14)□《かい》が高い。

□ 8 (15)□《まつ》りで先生に会い、(16)□《れい》をする。

□ 9 一部(17)□《し》(18)□《じゅう》を、正直に話す。

□ 10 この本の(19)□《も》ち(20)□《ぬし》をさがす。

□ 11 とつぜん(21)□《はな》から(22)□《ち》が出た。

□ 12 話(23)□《だい》の人に(24)□《しゅ》材《ざい》する。

合かく 42~52
もう一歩 27~41
がんばれ 0~26
とく点

□ 13 25□《ほか》の毛26□《がわ》を買った。

□ 14 27□《く》労《ろう》を28□《かさ》ねて大人になる。

□ 15 毎29□《びょう》三センチずつ前30□《しん》する。

□ 16 31□《もう》し分のない32□《たい》戦《せん》相手だ。

□ 17 33□《む》こう34□《ぎし》にわたろう。

□ 18 35□《お》い風に36□《たす》けられる。

□ 19 家37□《ぞく》にも38□《た》言しないこと。

□ 20 39□《ぎん》は、金より40□《かる》い。

□ 21 英《えい》国文41□《か》への関《かん》心が42□《ふか》まる。

□ 22 43□《しあわ》せな出来44□《ごと》がありました。

□ 23 会の45□《だい》46□《ひょう》に選《えら》ばれる。

□ 24 漢字の47□《ぶ》首を48□《べん》強する。

□ 25 49□《ちょう》子は、下り50□《ざか》だ。

□ 26 食用51□《あぶら》を52□《つい》加《か》する。

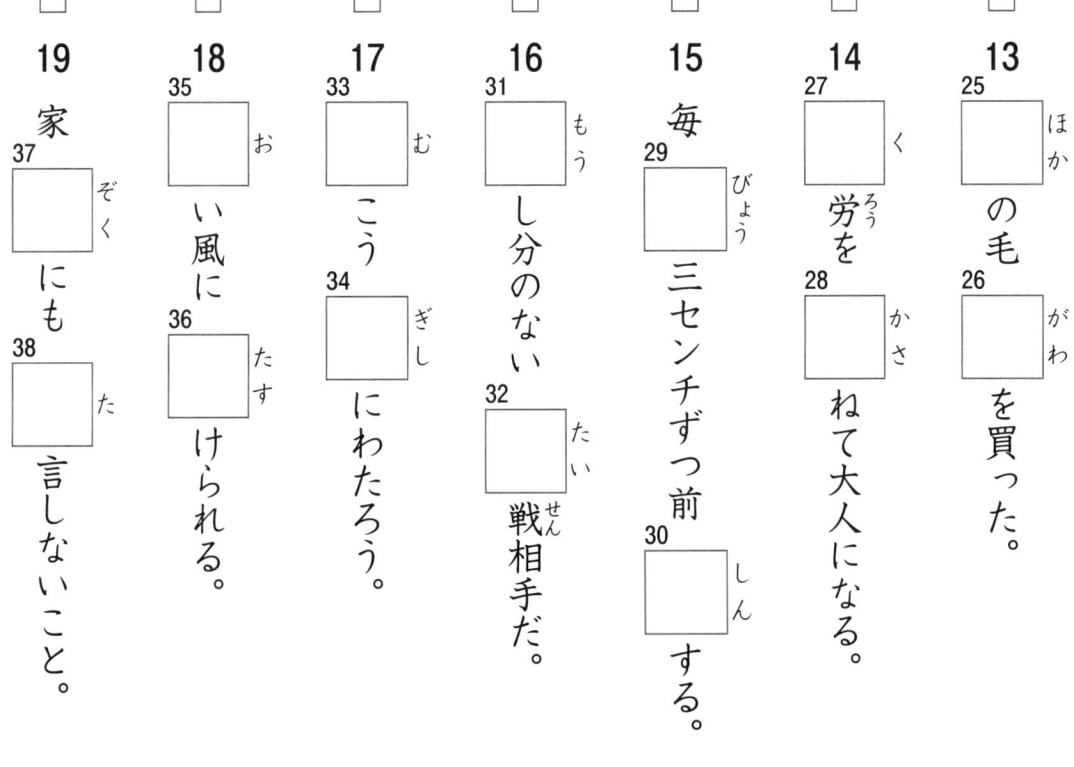

13 ひつじゅん ①

よく出る

合かく 31~39
もう一歩 21~30
がんばれ 0~20
とく点

つぎの漢字の太いところは、何番めに書きますか。〇の中に数字を書きなさい。

1 路 ……〇
2 央 ……〇
3 進 ……〇
4 曲 ……〇
5 根 ……〇
6 箱 ……〇

7 屋 ……〇
8 動 ……〇
9 君 ……〇
10 緑 ……〇
11 寒 ……〇
12 幸 ……〇

13 係 ……〇
14 詩 ……〇
15 勉 ……〇
16 重 ……〇
17 悪 ……〇
18 速 ……〇

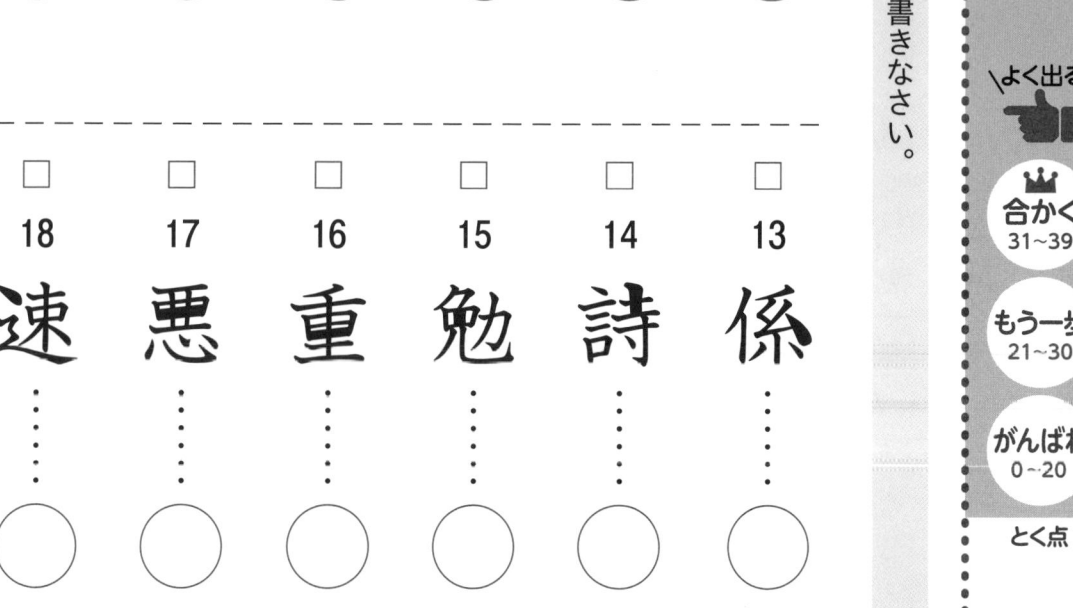

□ 19 飲

□ 20 起

□ 21 整

□ 22 薬

□ 23 漢

□ 24 筆

□ 25 炭

□ 26 第

□ 27 酒

□ 28 服

□ 29 業

□ 30 様

□ 31 旅

□ 32 駅

□ 33 注

□ 34 登

□ 35 遊

□ 36 階

□ 37 荷

□ 38 橋

□ 39 州

14 ひつじゅん ❷

合かく 31~39
もう一歩 21~30
がんばれ 0~20
とく点

つぎの漢字の太いところは、何番めに書きますか。◯の中に数字を書きなさい。

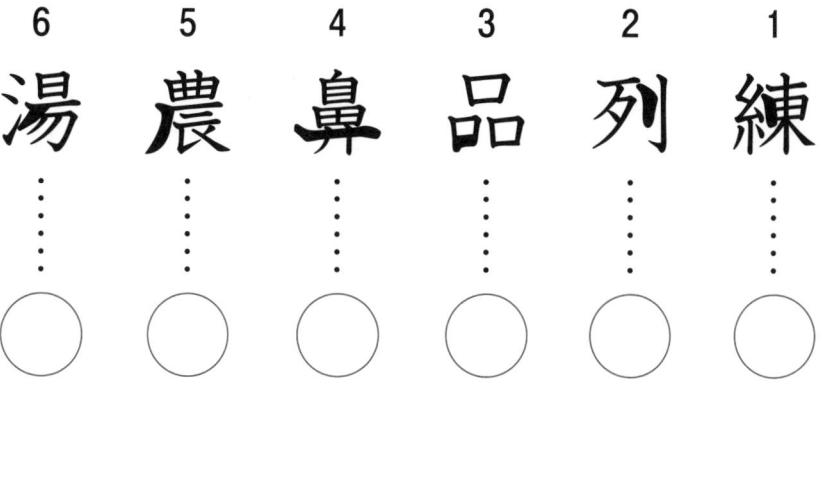

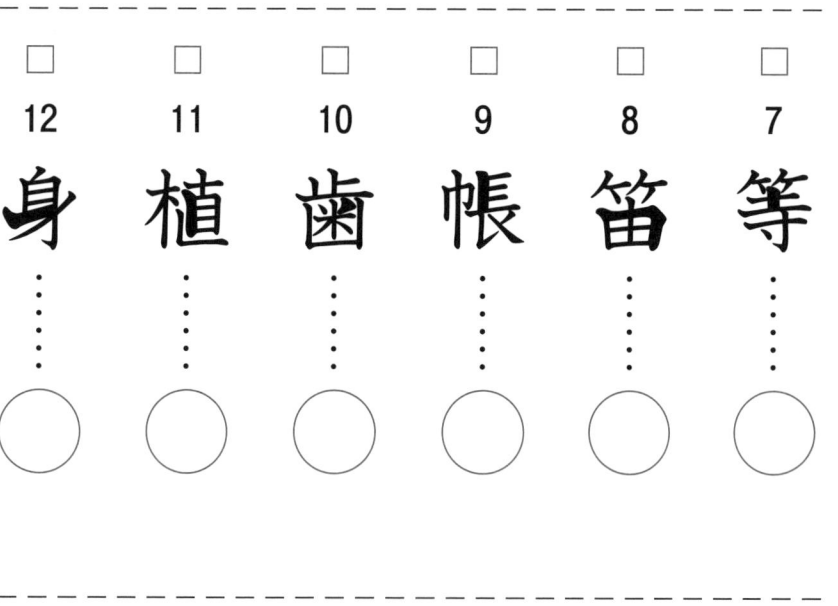

1 練 …… ◯
2 列 …… ◯
3 品 …… ◯
4 鼻 …… ◯
5 農 …… ◯
6 湯 …… ◯
7 等 …… ◯
8 笛 …… ◯
9 帳 …… ◯
10 歯 …… ◯
11 植 …… ◯
12 身 …… ◯
13 面 …… ◯
14 宿 …… ◯
15 集 …… ◯
16 港 …… ◯
17 軽 …… ◯
18 局 …… ◯

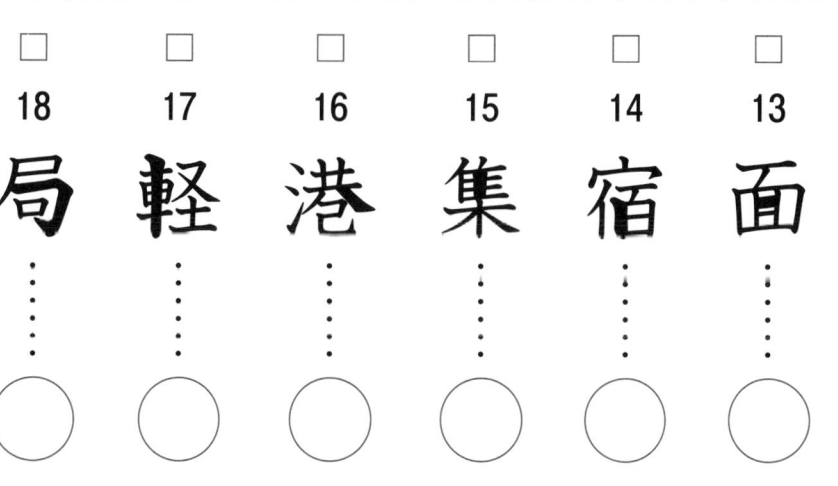

□ 19 球 …… ○
□ 20 級 …… ○
□ 21 医 …… ○
□ 22 院 …… ○
□ 23 泳 …… ○
□ 24 祭 …… ○
□ 25 流 …… ○

□ 26 横 …… ○
□ 27 暗 …… ○
□ 28 温 …… ○
□ 29 負 …… ○
□ 30 期 …… ○
□ 31 助 …… ○
□ 32 運 …… ○

□ 33 習 …… ○
□ 34 究 …… ○
□ 35 銀 …… ○
□ 36 県 …… ○
□ 37 庫 …… ○
□ 38 物 …… ○
□ 39 湖 …… ○

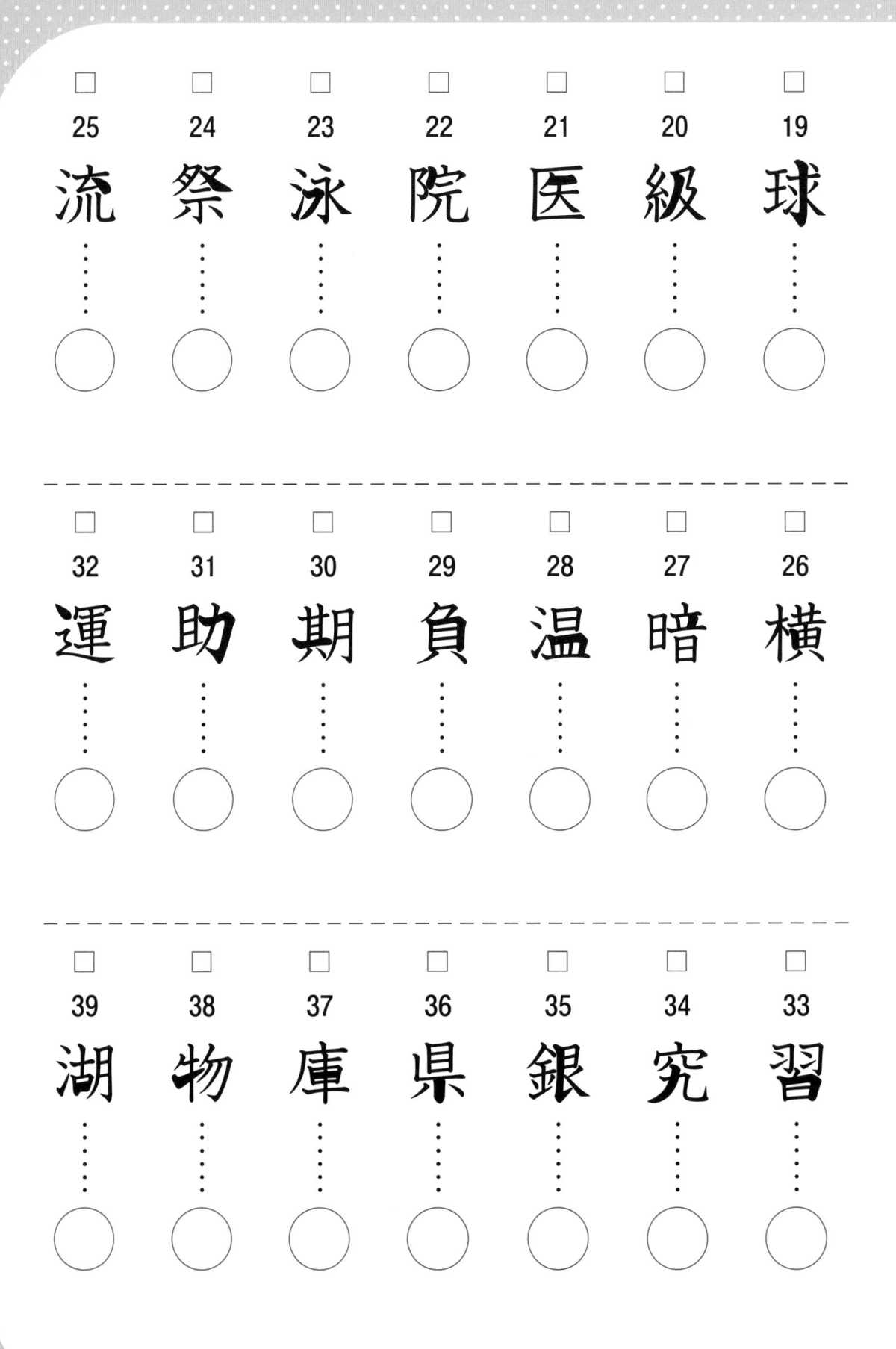

15 対義《ぎ》語 ❶

よく出る
合かく 21～26
もう一歩 14～20
がんばれ 0～13
とく点

（　）の中に漢字を書いて、上とはんたいのいみのことばにしなさい。

□ 1 答える ―― （　）《と》う
□ 2 終わり ―― （　）《はじ》まり
□ 3 勝ち ―― （　）《ま》け
□ 4 明るさ ―― （　）《くら》さ
□ 5 暑さ ―― （　）《さむ》さ
□ 6 止める ―― （　）《うご》かす

□ 7 下校 ―― （　）《とう》校
□ 8 長所 ―― （　）《たん》所
□ 9 重さ ―― （　）《かる》さ
□ 10 たおす ―― （　）《お》こす
□ 11 たて書き ―― （　）《よこ》書き
□ 12 うれしい ―― （　）《かな》しい

□ 13 ぬぐ—（　）《き》る

□ 14 せめ—（　）《まも》り

□ 15 のばす—（　）《ま》げる

□ 16 もやす—（　）《け》す

□ 17 教える—（　）《なら》う

□ 18 あまい—（　）《にが》い

□ 19 生まれる—（　）《し》ぬ

□ 20 かた足—（　）《りょう》足

□ 21 今—（　）《むかし》

□ 22 さん成《せい》—反（　）《たい》

□ 23 心配—（　）《あん》心

□ 24 おりる—（　）《の》る

□ 25 とじる—（　）《ひら》く

□ 26 配る—（　）《あつ》める

16 対義《ぎ》語 ❷

（　）の中に漢字を書いて、上とはんたいのいみのことばにしなさい。

□ 1 下山 ―（　）《と》山

□ 2 すてる ―（　）《ひろ》う

□ 3 おくらせる ―（　）《すす》める

□ 4 洋風 ―（　）《わ》風

□ 5 受ける ―（　）《な》げる

□ 6 良《よ》い ―（　）《わる》い

□ 7 楽しむ ―（　）《くる》しむ

□ 8 未《み》来 ― か（　）《こ》

□ 9 にげる ―（　）《お》う

□ 10 浅《あさ》い ―（　）《ふか》い

□ 11 高い ―（　）《やす》い

□ 12 不《ふ》幸 ― 幸（　）《ふく》

合かく 21～26
もう一歩 14～20
がんばれ 0～13
とく点

□ 13 予算——（　）《けっ》算

□ 14 直線——（　）《きょく》線

□ 15 自分——（　）《た》人

□ 16 かりる——（　）《かえ》す

□ 17 部分——（　）《ぜん》体

□ 18 むかえる——（　）《おく》る

□ 19 来年——（　）《きょ》年

□ 20 不《ふ》利《り》——（　）《ゆう》利

□ 21 差《さ》別《べつ》——（　）《びょう》等

□ 22 欠《けっ》点——（　）《び》点

□ 23 年末《まっ》——年（　）《し》

□ 24 終点——（　）《き》点

□ 25 げん実——理（　）《そう》

□ 26 寒中——（　）《しょ》中

17 同じ部首の漢字 ①

よく出る

合かく 42～52
もう一歩 27～41
がんばれ 0～26
とく点

おなじなかまの漢字を□の中に書きなさい。

□ 1 さんずい（氵）…西・1□《よう》・水・2□《えい》

□ 2 てへん（扌）…3□《も》つ・4□《な》げる

□ 3 こころ（心）…5□《い》見・6□《きゅう》病

□ 4 にんべん（亻）…7□《ばい》数・8□《し》事

□ 5 おおがい（頁）…主・9□《だい》・10□《がん》面

□ 6 くさかんむり（艹）…目・11□《ぐすり》・12□《に》台

□ 7 きへん（木）…大・13□《こん》・円・14□《ちゅう》

□ 8 まだれ（广）…15□《てい》園・倉《そう》・16□《こ》

□ 9 しんにょう しんにゅう（辶）…17□《ゆう》具・18□《へん》品

□ 10 くち（口）…船・19□《いん》・20□《しょう》売

□ 11 はつがしら（癶）…21□《はっ》明・22□《と》山

□ 12 くるまへん（車）…23□《てん》校・24□《けい》食

13 □ こざとへん（阝）…入 25□《いん》・26□《よう》光

14 □ かねへん（金）…27□《ぎん》山・28□《てつ》道

15 □ うかんむり（宀）…合 29□《しゅく》・30□《きゃく》席《せき》

16 □ しめすへん（礻）…31□《しん》話・祭 32□《れい》

17 □ ちから（力）…行 33□《どう》・34□《じょ》言

18 □ しかばね（尸）…小 35□《や》・36□《きょく》長

19 □ のぶん ぼくづくり（攵）…37□《ほう》送・38□《せい》理

---

20 □ しょくへん（飠）…会 39□《かん》・40□《の》む

21 □ ごんべん（言）…41□《し》集・相 42□《だん》

22 □ かたへん（方）…43□《りょ》行・家 44□《ぞく》

23 □ おおざと（阝）…45□《と》会・46□《ぶ》分

24 □ いとへん（糸）…47□《しゅう》点・学 48□《きゅう》

25 □ ぎょうにんべん（彳）…49□《やく》者・期 50□《たい》

26 □ たけかんむり（⺮）…51□《ひっ》者・本 52□《ばこ》

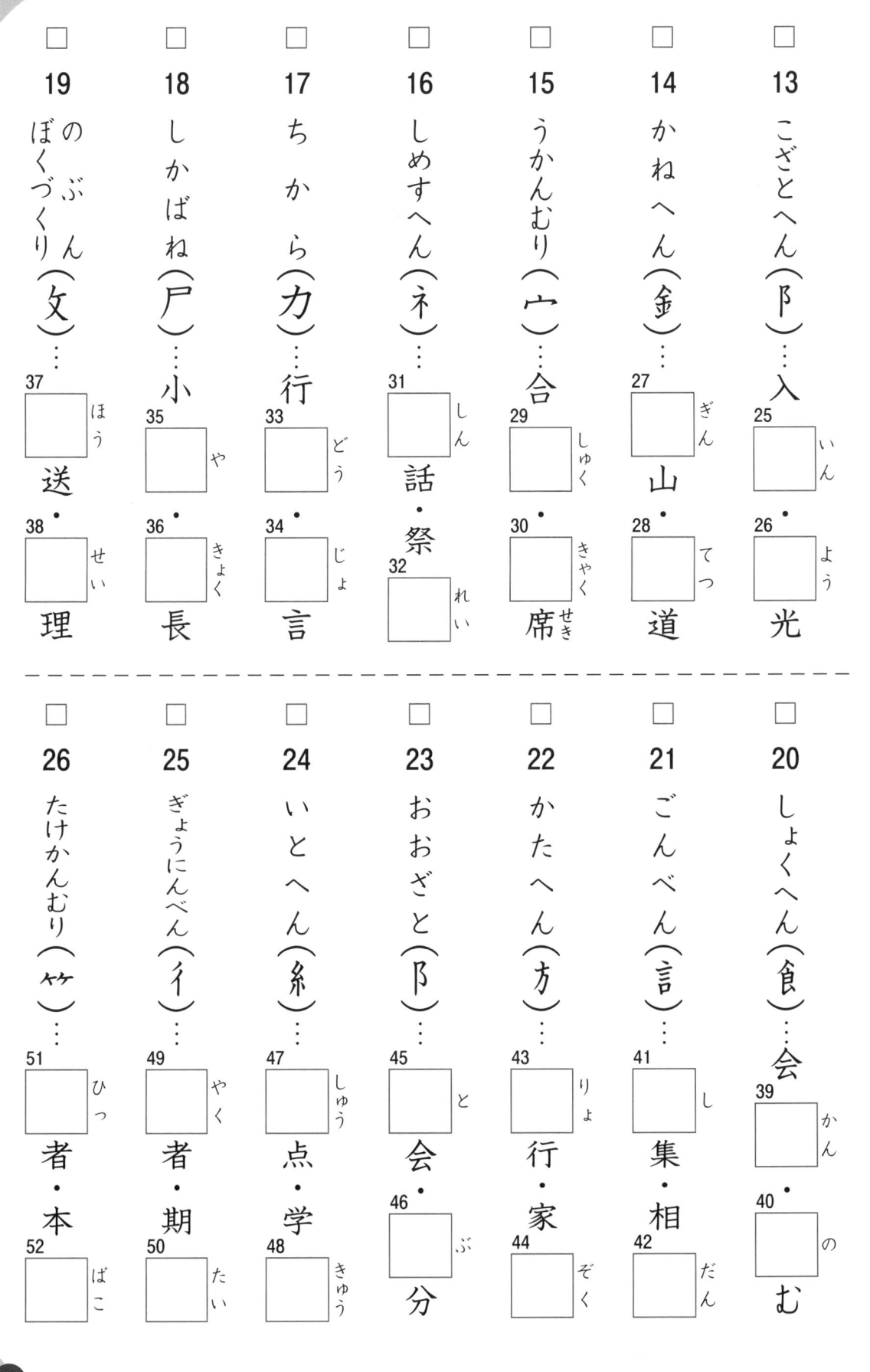

18 同じ部首の漢字 ②

おなじなかまの漢字を□の中に書きなさい。

合かく 42~52
もう一歩 27~41
がんばれ 0~26
とく点

- □ 1 てへん（扌）… 1 □《ひろ》う・2 □《う》つ
- □ 2 ちから（力）… 3 □《しょう》利《り》・4 □《べん》学
- □ 3 いち（一）… 5 □《りょう》足・6 □《せ》界
- □ 4 ひへん（日）… 7 □《あん》黒・8 □《しょう》和
- □ 5 うかんむり（宀）…予 9 □《てい》・死 10 □《しゅ》
- □ 6 しんにょう しんにゅう（辶）…時 11 □《そく》・12 □《しん》行

- □ 7 いとへん（糸）… 13 □《りょく》地・未《み》14 □《れん》
- □ 8 こころ（心）… 15 □《あく》人・休 16 □《そく》
- □ 9 た（田）…自 17 □《ゆう》・田 18 □《はた》
- □ 10 くち（口）…方 19 □《こう》・生 20 □《めい》
- □ 11 にんべん（亻）…時 21 □《だい》・22 □《た》人
- □ 12 くさかんむり（艹）… 23 □《く》心・24 □《は》書

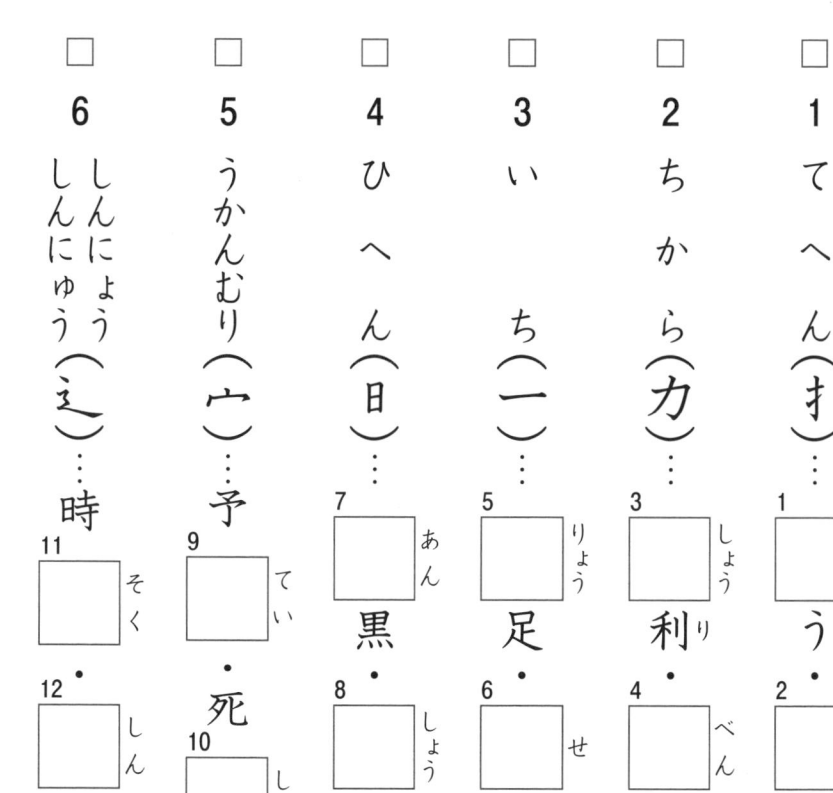

□ 13 さんずい（氵）…25 □《ゆ》田・26 □《りゅう》通

□ 14 め（目）…27 □《けん》道・28 □《そう》手

□ 15 たつ（立）…29 □《どう》話・30 □《しょう》文

□ 16 また（又）…31 □《しゅ》材《ざい》・32 □《はん》省《せい》

□ 17 ひつじ（羊）…33 □《よう》毛・34 □《び》人

□ 18 きへん（木）…陸《りっ》35 □《きょう》・黒36 □《ばん》

□ 19 かくしがまえ（匸）…名37 □《い》・学38 □《く》

□ 20 やへん（矢）…長39 □《たん》・通40 □《ち》

□ 21 まだれ（广）…今41 □《ど》・本42 □《てん》

□ 22 りっとう（刂）…43 □《ぜん》後・行44 □《れつ》

□ 23 つき（月）…45 □《き》日・46 □《ゆう》名

□ 24 のぎへん（禾）…一47 □《びょう》・理48 □《か》

□ 25 あくび（欠）…49 □《じ》回・50 □《か》手

□ 26 おいかんむり（耂）…思51 □《こう》・記52 □《しゃ》

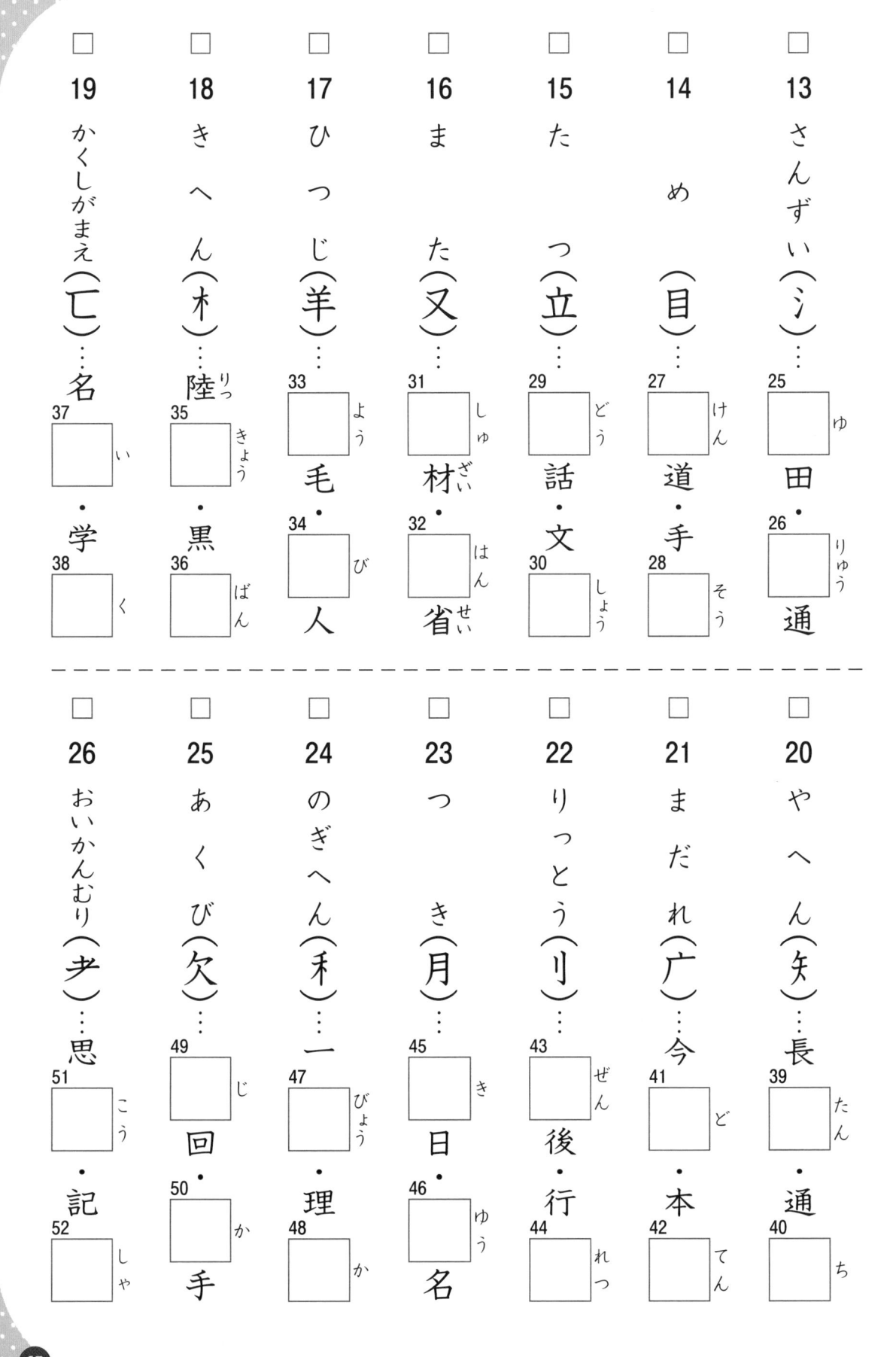

19 同じ読みの漢字 ❶

よく出る

合かく 29~36
もう一歩 19~28
がんばれ 0~18
とく点

つぎの（　）の中に漢字を書きなさい。

1 町の中（　）《おう》公園に集まる。
2 事こで車が（　）《おう》転した。
3 （　）《ふく》引きに当たる。
4 洋（　）《ふく》を買ってもらう。
5 （　）《じゅう》民《みん》に集まってもらう。
6 （　）《じゅう》工業がさかんな町。
7 みんなで（　）《しゃ》真をとる。
8 ぼくの父は、新聞記（　）《しゃ》だ。

---

9 安全を（　）《だい》一に考える。
10 （　）《だい》金を店にしはらう。
11 友だちの（　）《い》見を聞く。
12 あの人は、名（　）《い》だ。
13 図書（　）《い》員に選《えら》ばれる。
14 人（　）《そう》があやしい。
15 高い理（　）《そう》を持つ。
16 （　）《そう》料《りょう》はかからない。

□ 17 強い（　　）《かん》波が近づいている。

□ 18 体育（　　）《かん》に集合する。

□ 19 父は（　　）《しょう》和五十年生まれだ。

□ 20 イカは、（　　）《しょう》化がよくない。

□ 21 自分で文（　　）《しょう》を書いてみる。

□ 22 どうにか（　　）《しょう》利《り》をおさめた。

□ 23 ドイツ人の作った（　　）《し》を読む。

□ 24 天（　　）《し》のような歌声だ。

□ 25 原（　　）《し》人のほねが見つかる。

□ 26 文化ざいに（　　）《し》定される。

□ 27 自然《ぜん》（　　）《かい》のルール。

□ 28 食堂《どう》は、二（　　）《かい》にある。

□ 29 トンネルが（　　）《かい》通した。

□ 30 雨のため、（　　）《しゅう》日、家にいた。

□ 31 母は、（　　）《しゅう》字の先生だ。

□ 32 本（　　）《しゅう》から四国《しこく》にわたる。

□ 33 電車が駅に（　　）《しん》入してきた。

□ 34 湖の水（　　）《しん》をはかる。

□ 35 自分自（　　）《しん》を見つめる。

□ 36 日本の（　　）《しん》話を読む。

20 同じ読みの漢字 ②

つぎの（　）の中に漢字を書きなさい。

□ 1 ガソリンを（　）《ちゅう》入する。

□ 2 門（　）《ちゅう》の前で会う。

□ 3 静《しず》かな町の旅（　）《かん》にとまる。

□ 4 先生の話に、（　）《かん》動する。

□ 5 部長に（　）《とう》用される。

□ 6 ケーキを三（　）《とう》分する。

□ 7 試《し》合は、（　）《ゆう》利《り》に進んでいる。

□ 8 理（　）《ゆう》を話してください。

□ 9 いっせいに（　）《き》立する。

□ 10 （　）《き》日までには出します。

□ 11 春らしい（　）《よう》気が続《つづ》いている。

□ 12 多（　）《よう》な言語が話される国だ。

□ 13 昼ご飯《はん》は、（　）《よう》食にしよう。

□ 14 電（　）《きゅう》を交かんする。

□ 15 学（　）《きゅう》会で発表する。

□ 16 事この原いんを（　）《きゅう》明する。

合かく 29～36
もう一歩 19～28
がんばれ 0～18
とく点

□ 17 （　）《たん》気をおこしてはいけない。

□ 18 石（　）《たん》を、トラックで運ぶ。

□ 19 この店は、月曜が（　）《てい》休日だ。

□ 20 校（　）《てい》に集まった。

□ 21 父から日記（　）《ちょう》をもらう。

□ 22 はさみ一（　）《ちょう》を用意する。

□ 23 順《じゅん》（　）《ちょう》に動いている。

□ 24 父は、（　）《とう》ふが大好《す》きだ。

□ 25 （　）《とう》民《みん》は、ほぼ五千人だ。

□ 26 熱《ねっ》（　）《とう》を冷《さ》ます。

□ 27 父は、会社（　）《いん》だ。

□ 28 ここでは（　）《いん》食はきん止だ。

□ 29 この町には、寺（　）《いん》が多い。

□ 30 あとは、（　）《し》上げだけだ。

□ 31 （　）《し》発の電車に乗る。

□ 32 父は、（　）《し》科医だ。

□ 33 車のめんきょを（　）《しゅ》得《とく》する。

□ 34 あの選《せん》手は、（　）《しゅ》びがうまい。

□ 35 日本の（　）《しゅ》食は、お米だ。

□ 36 父は、日本（　）《しゅ》が好きだ。

21 漢字とおくりがな ①

よく出る

合かく 18～22
もう一歩 12～17
がんばれ 0～11
とく点

つぎの――線のカタカナを○の中の漢字とおくりがな(ひらがな)で□の中に書きなさい。

〈れい〉 (大) オオキイ花がさく。 [大きい]

□ 1 (安) 秋になったので、くだものがヤスイ。 [　]

□ 2 (暗) クライ夜道を一人で歩いた。 [　]

□ 3 (動) テレビをとなりの部屋にウゴカス。 [　]

□ 4 (進) 時計のはりを少しススメル。 [　]

□ 5 (拾) ハンカチを教室の中でヒロウ。 [　]

□ 6 (流) きれいな星が夜空をナガレル。 [　]

□ 7 (守) 学校のルールはぜったいにマモル。 [　]

□ 8 (助) こまっているお年よりをタスケル。 [　]

□ 9 (苦) 急に走ったので、息がクルシイ。 [　]

□ 10 (育) 小鳥をヒナからソダテル。 [　]

□ 11 泳 夏休みは、プールでオヨグ。

□ 12 曲 暑さで鉄の板もマガル。

□ 13 短 このズボンは、ぼくにはミジカイ。

□ 14 調 図かんで魚の名前をシラベル。

□ 15 等 二つのペンの長さはヒトシイ。

□ 16 深 川の中にもフカイところがある。

□ 17 悲 母からカナシイ話を聞く。

□ 18 植 庭にチューリップの球根をウエル。

□ 19 美 さくらの花は、とてもウツクシイ。

□ 20 幸 家族は、シアワセにくらしている。

□ 21 急 学校におくれないようにイソグ。

□ 22 配 先生がテスト用紙をクバル。

22 漢字とおくりがな ②

合かく 18~22 ／ もう一歩 12~17 ／ がんばれ 0~11 ／ とく点

つぎの——線のカタカナを○の中の漢字とおくりがな(ひらがな)で□の中に書きなさい。

〈れい〉 (大) オオキイ花がさく。 [大きい]

□ 1 (味) 母手作りのおすしをアジワウ。 [ ]

□ 2 (習) 四月からテニスをナラウ。 [ ]

□ 3 (宿) 小説《せつ》家になるゆめを、むねにヤドス。 [ ]

□ 4 (実) 日々の小さな努《ど》力が、大きくミノル。 [ ]

□ 5 (決) それをキメルのは、あなた自身だ。 [ ]

□ 6 (全) マッタクうまくできなかった。 [ ]

□ 7 (重) うれしいことが、二つカサナル。 [ ]

□ 8 (係) 国のしょう来にカカル問題だ。 [ ]

□ 9 (受) ボールを両手でウケル。 [ ]

□ 10 (転) 庭でボールをコロガス。 [ ]

□ 11 整 身なりをきれいにトトノエル。

□ 12 負 しょうぎでは、あの人にマケル。

□ 13 表 よろこびを言葉にアラワス。

□ 14 起 母は、いつも朝五時にオキル。

□ 15 注 大きなナベに水を少しソソグ。

□ 16 平 タイラな道をどこまでも歩く。

□ 17 化 かれは、いつか大物にバケルだろう。

□ 18 仕 王様にツカエル家来の物語を読む。

□ 19 祭 来月十日は、町内のマツリだ。

□ 20 定 クラスの新しいルールをサダメル。

□ 21 向 顔を、南の方角にムケル。

□ 22 幸 サイワイなことに、雨がやんだ。

23 音読みと訓《くん》読み ①

つぎの——線の漢字の読みがなを——線の右に書きなさい。

1 □ はっきりと返事をする。

2 □ 友だちに借《か》りた本を返す。

3 □ この文章に着目してほしい。

4 □ 電車はまもなく駅に着く。

5 □ 屋内ではさわがないこと。

6 □ うどん屋によっていく。

7 □ 黒板をきれいにする。

8 □ 木の板でたなを作る。

9 □ 海岸に魚をつりに行く。

10 □ 川の岸にそって歩く。

11 □ こわれた部品をとりかえる。

12 □ この品は売り切れてしまった。

13 □ 兄の言葉に反感をいだいた。

14 □ むねを大きく後ろに反らす。

15 □ 台風で電車は運休になった。

16 □ トラックで家具を運ぶ。

よく出る

合かく 29~36

もう一歩 19~28

がんばれ 0~18

とく点

□ 17 遠回りだが、歩道橋をわたる。

□ 18 谷間にかかった木の橋がゆれる。

□ 19 兄は大学で化学を学んでいる。

□ 20 夏休みにお化け大会があった。

□ 21 家のまどから電柱が見える。

□ 22 丸い柱が二本立っている。

□ 23 古い時代に書かれた本を読む。

□ 24 友人の代わりに出席《せき》した。

□ 25 母は、よく短歌を作っている。

□ 26 秋になって、日が短くなった。

□ 27 有名な日本庭園を見学する。

□ 28 春は、庭の草花がきれいだ。

□ 29 先生の車に同乗する。

□ 30 島に行くために船に乗る。

□ 31 冬には石油ストーブを使う。

□ 32 ごまからも油が取れる。

□ 33 車は時速五十キロで走っている。

□ 34 車のスピードが速まる。

□ 35 あの歌手の新曲が出るそうだ。

□ 36 曲がり角に、書店がある。

24 音読みと訓《くん》読み ②

合かく 29～36
もう一歩 19～28
がんばれ 0～18
とく点

つぎの——線の漢字の読みがなを——線の右に書きなさい。

1 川にアユを放流する。
2 風船を手から大空に放つ。
3 夏休みには、東北を旅行する。
4 父は、アメリカへの旅に出かけた。
5 部屋の温度を少し上げる。
6 みそしるをコンロで温める。
7 九九を暗記する。
8 夕方五時でも、外は暗い。

9 父の言ったことは、実話だった。
10 りんごの実は、まだ青い。
11 あの車は、重心が低《ひく》い。
12 考えに考えを重ねる。
13 船が、汽笛を鳴らしている。
14 神社から笛の音が聞こえる。
15 同様のことは、兄からも聞いた。
16 王様のいる国も、たくさんある。

□ 17 船は北の方向に進んでいる。

□ 18 話すときは、顔を向けること。

□ 19 兄は、遠泳が得意《とく》だ。

□ 20 夏休みには、プールで泳ぐ。

□ 21 本を注文する。

□ 22 火に油を注ぐ。

□ 23 あなたは、心配しなくてもよい。

□ 24 みんなにチョコレートを配る。

□ 25 路線バスで十五分かかる。

□ 26 みんなが、家路を急いだ。

□ 27 湖上では、ボートが走っていた。

□ 28 冬の湖は、とてもきれいだ。

□ 29 君の話を聞いて安心した。

□ 30 この店の服はとても安い。

□ 31 入学式は、体育館で行われる。

□ 32 大きなゆめを、心に育む。

□ 33 先生から助言を受けた。

□ 34 こまっている老《ろう》人を助ける。

□ 35 勝負は、まだ決していない。

□ 36 心に大きなきずを負う。

実力完成《かんせい》テスト（1）

(一) つぎの――線の**漢字**の**読みがな**を――線の**右**に書きなさい。 (30) 1×30

1 日中は、とても暑い。

2 家に帰って、上着をぬぐ。

3 今日は朝六時に起きた。

4 兄は、都会で働《はたら》いている。

5 夏休み中は、午前に勉強する。

6 物語を読んで感想文を書く。

7 あの島には、人がいない。

8 案《あん》の定、雪になった。

9 去年は雨が多かった。

21 そろそろ新酒のできるころだ。

22 この二つの長さは等しい。

23 人形がたなから落下した。

24 明日は天気が悪そうだ。

25 校章をなくしてしまった。

26 あの新人は注目されている。

27 千円相当のくだものだ。

28 負けても、くよくよするな。

29 くだものが皿にのっている。

30 口笛をふきながら歩く。

(三) （　）の中に**漢字**を書いて、上と**はんたいのいみのことば**にしなさい。 (10) 2×5

長い ― 1（　）《みじか》い

部分 ― 2（　）《ぜん》体

軽い ― 3（　）《おも》い

止まる ― 4（　）《うご》く

自分 ― 5（　）《た》人

時間 40分

合かく 120/150

とく点

10 父と港町を散《さん》歩する。

11 父とぬるい湯に入った。

12 父は、商家の生まれだ。

13 大事なものは金庫にしまう。

14 少女むけの童話を読む。

15 ここは、古い王宮のあとだ。

16 川の右岸を走る。

17 みんなで一列にならぶ。

18 炭火があかあかともえる。

19 本箱にマンガをしまう。

20 和紙に、大きな字を書く。

(二) つぎの漢字の太いところは、何番めに書きますか。◯の中に数字を書きなさい。 (10) 1×10

院 1 ◯	葉 2 ◯	病 3 ◯	調 4 ◯	追 5 ◯
究 6 ◯	医 7 ◯	式 8 ◯	所 9 ◯	帳 10 ◯

(四) おなじなかまの漢字を□の中に書きなさい。 (20) 2×10

さんずい（氵）…1□《けつ》意・上2□《りゅう》

くち（口）…部3□《ひん》・学4□《もん》

きへん（木）…鉄5□《ぱん》・6□《おう》転

しんにょう しんにゅう（辶）…発7□《そう》・風8□《そく》

うかんむり（宀）…9□《あん》心・10□《きゃく》車

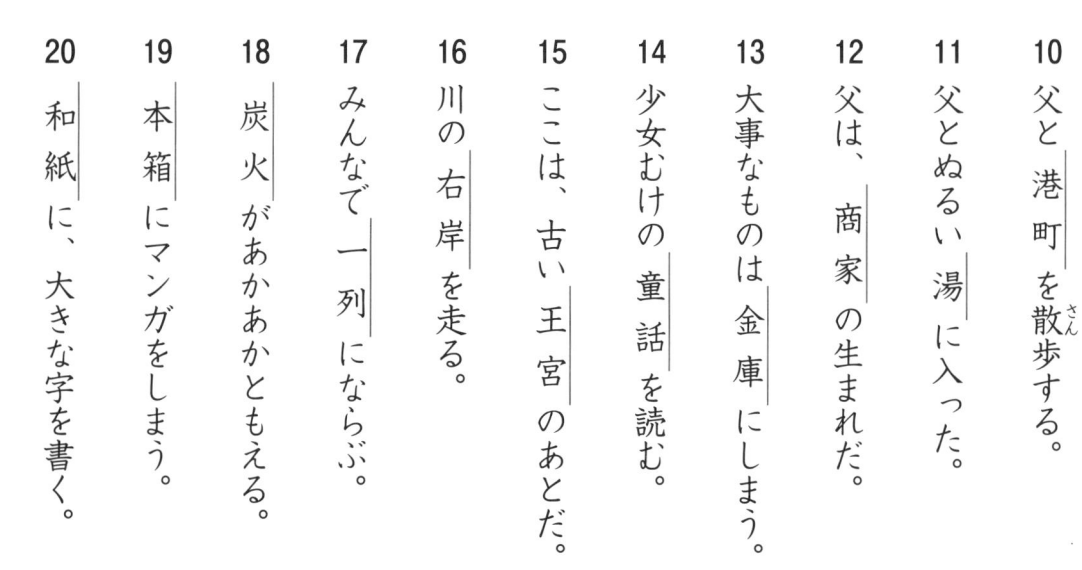

(五) つぎの（　）の中に**漢字**を書きなさい。 (20) 2×10

1（　）《けん》道を車で走る。
虫について 2（　）《けん》究する。

北の方 3（　）《こう》に走る。
4（　）《こう》運をいのる。

5（　）《とう》ふを食べる。
新聞に 6（　）《とう》書する。

7（　）《ひょう》紙をやぶく。
8（　）《ひょう》山が見える。

物語の 9（　）《しゅ》題を読みとる。
八回うらの 10（　）《しゅ》びにつく。

(七) つぎの——線の**漢字**の**読みがな**を——線の**右**に書きなさい。 (10) 1×10

教育1 はとても大切だ。
子犬を 育2 てる。

気球3 を大空に上げる。
原っぱで 球4 をひろう。

関《かん》係5 が続《つづ》いている。
父は会社の 係長6 だ。

工事を 受注7 する。
ノックを 受8 ける。

3 5□《あ》り金をはたいて、
画 6□《しゅう》を買った。

4 ぼくの 7□《やく》目は、ゴミを
8□《ひろ》うことだ。

5 9□《へい》野の中から、
10□《あぶら》が
わき出た。

6 村 11□《まつ》りで、おみこしが
12□《ね》り歩いた。

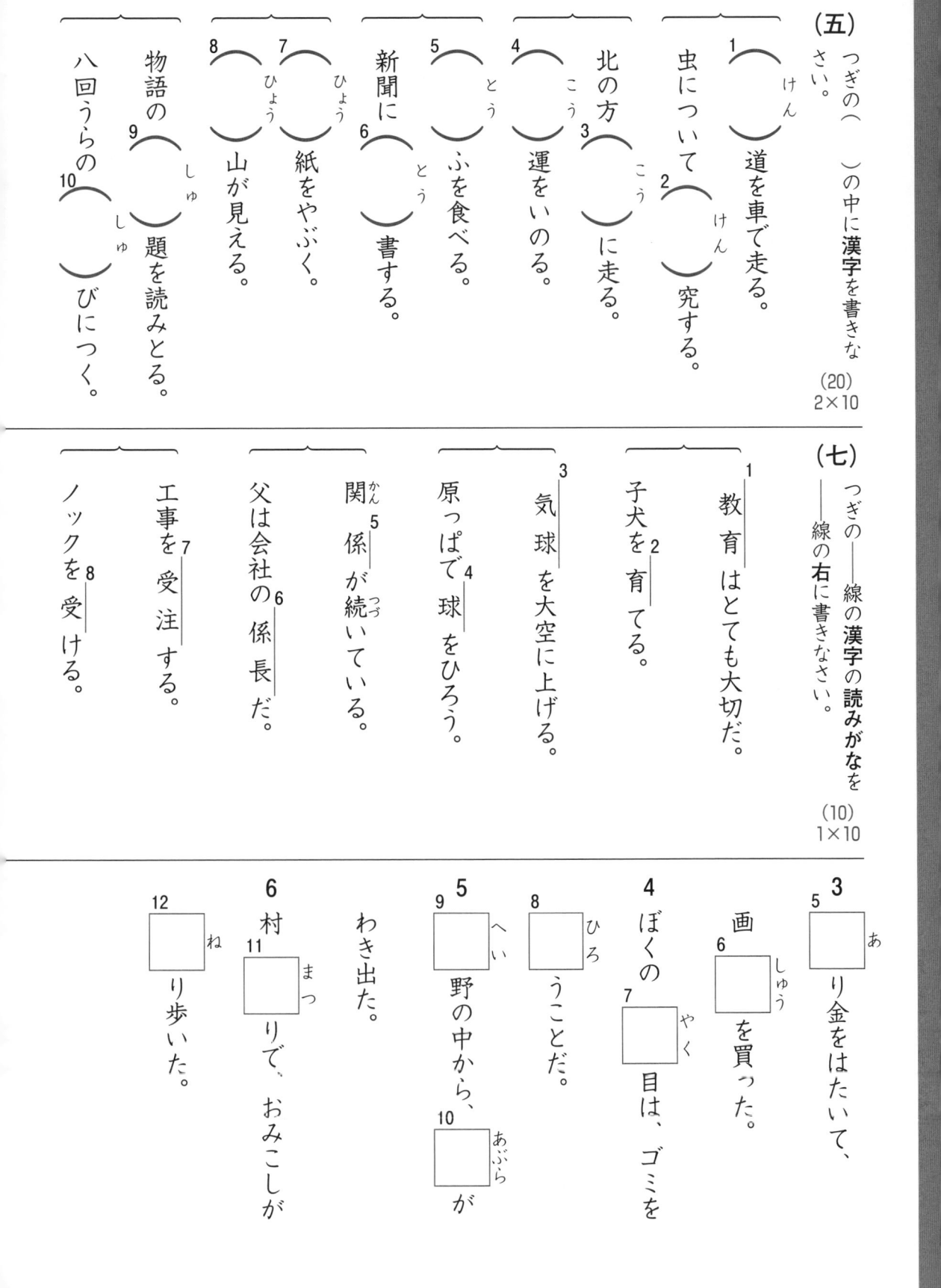

(六) つぎの——線のカタカナを○の中の漢字とおくりがな(ひらがな)で□の中に書きなさい。 (10) 2×5

〈れい〉 (大) オオキイ花がさく。 大きい

1 (着) 船を岸にツケル。 □

2 (整) 身なりをトトノエル。 □

3 (放) 虫を野原にハナツ。 □

4 (写) 名前をノートに書きウツス。 □

5 (開) 午前九時に店をアケル。 □

---

9 助言を求《もと》める。

10 たがいに助け合う。

(八) つぎの□の中に漢字を書きなさい。 (40) 2×20

1 ゆう便《びん》 1□《きょく》は、かぶと台の三 2□《ちょう》目にある。

2 雪がふると、あたりは 3□《ぎん》色の世 4□《かい》に変《か》わる。

---

7 この家 13□《ぐ》は、思ったより 14□《やす》かった。

8 あの 15□《のう》場には、たくさんの 16□《ひつじ》がいる。

9 この土地は、17□《やく》草を 18□《う》えるのにてきしている。

10 民《みん》19□《しゅく》の電話番 20□《ごう》を、メモしておく。

実力完成《かんせい》テスト (2)

時間 40分
合かく 120/150
とく点

(一) つぎの――線の漢字の読みがなを――線の右に書きなさい。 (30) 1×30

1 植木 ばちに水をやる。
2 古い友人の 消息 をたずねる。
3 軽石 で足のうらをこする。
4 にげるはん人を 追走 する。
5 館内 アナウンスを聞く。
6 九時に会議《ぎ》が 始 まる。
7 幸運 をいのっています。
8 駅 で友だちと会う。
9 明暗 がわかれる。

21 決起 大会は、三時からだ。
22 ご 子息 は、お元気ですか。
23 このノートは 使用 していない。
24 雪がふりそうな 寒空 だ。
25 国立大学の 医学部 に入る。
26 新しい 礼服 を作る。
27 新式 のパソコンを買う。
28 酒屋 でビールを買う。
29 海辺《べ》の 宿 にとまった。
30 申 しわけありません。

(三) (　)の中に漢字を書いて、上とはんたいのいみのことばにしなさい。 (10) 2×5

楽しい――1(　)《くる》しい
生者――2(　)《し》者
とじる――3(　)《ひら》く
すてる――4(　)《ひろ》う
落馬――5(　)《じょう》馬

10 お客さんがいらっしゃる。

11 兄は、急病で来られない。

12 記号で答えなさい。

13 兄から本の題名を聞く。

14 一人で荷車をおした。

15 名前を台帳に記入する。

16 タクシーに乗車する。

17 午前九時に集合する。

18 すわる場所をさがす。

19 悪意のあることばを聞く。

20 北海道《ほっかいどう》で流氷を見る。

(二) つぎの**漢字**の**太い**ところは、**何番**めに書きますか。◯の中に**数字**を書きなさい。

(10) 1×10

州…1 ◯	族…2 ◯	度…3 ◯	泳…4 ◯	練…5 ◯
勉…6 ◯	炭…7 ◯	庭…8 ◯	面…9 ◯	表…10 ◯

(四) **おなじなかまの漢字**を□の中に書きなさい。

(20) 2×10

つき(月) …所 1 □《ゆう》・後 2 □《き》

いとへん(糸) …学 3 □《きゅう》・新 4 □《りょく》

ちから(力) …ほ 5 □《じょ》・6 □《しょう》負

はつがしら(癶) …7 □《とう》板・出 8 □《ぱつ》

た(田) …花 9 □《ばたけ》・自 10 □《ゆう》

（五） つぎの（　）の中に**漢字**を書きなさい。（20）2×10

1（よう）楽をきく。

2（よう）毛のマフラー。

火3（やく）に火がつく。

主4（やく）をえんじる。

本の目5（じ）を見る。

べん当を6（じ）参《さん》する。

母と美よう7（いん）に行く。

欠8（いん）が出た。

もうすぐバスの9（しゅう）点だ。

教室で自10（しゅう）する。

（七） つぎの——線の**漢字**の**読みがな**を——線の**右**に書きなさい。（10）1×10

科学が1進歩する。

計画が、思いどおりに2進む。

知り合いの家に3下宿する。

駅で4雨宿りをする。

5路面電車が走る。

6旅路を楽しむ。

7皮肉な言い方をする。

リンゴの8皮をむく。

3 あの子は気5（みじか）で、とても6（せ）話がやける。

4 7（むかし）、この町には8（ぎん）山があり、とてもにぎわっていた。

5 あの人は、9（だい）一線で活やくする作10（きょく）家だ。

6 この石はあまりに11（おも）く、12（うご）かすことができない。

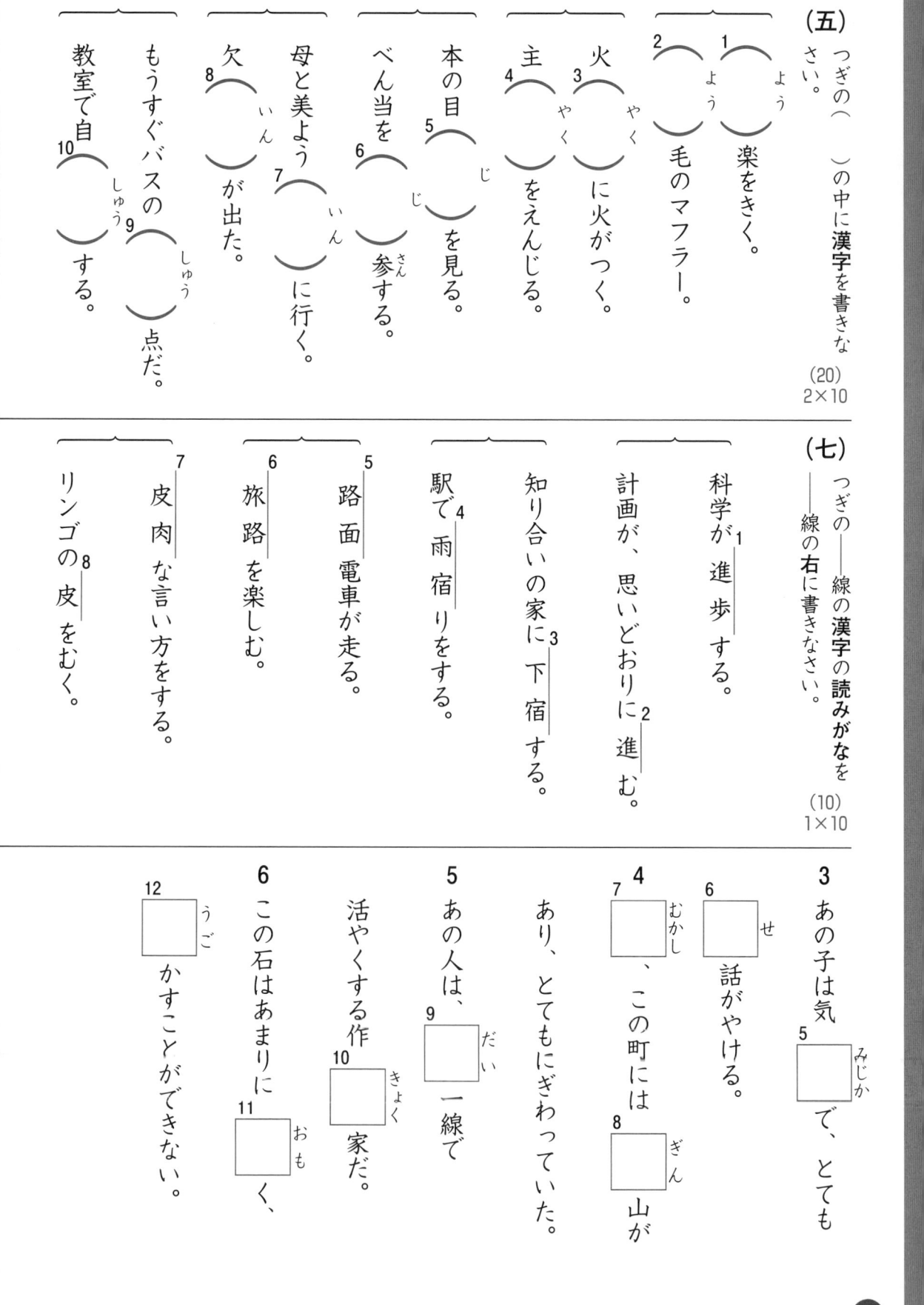

(六) つぎの——線のカタカナを○の中の漢字とおくりがな(ひらがな)で□の中に書きなさい。 (10) 2×5

〈れい〉 (大) オオキイ花がさく。 [大きい]

1 (温) スープをアタタメル。 □

2 (化) キツネが人間をバカス。 □

3 (起) 弟を六時にオコス。 □

4 (転) ボールがコロガル。 □

5 (配) トランプのカードをクバル。 □

---

9 上品な女の人と話す。

10 ケーキは品切れになった。

(八) つぎの□の中に漢字を書きなさい。 (40) 2×20

1 水 1□《へい》線にしずむ太 2□《よう》を

船の上から見る。

2 後 3□《れつ》のみな 4□《さま》、

どうぞお立ちください。

---

7 外国船は、13□《みなと》に入って

せつ 14□《がん》するそうだ。

8 サークルへの入会を、

正 15□《しき》に 16□《もう》しこむ。

9 兄は高校に 17□《う》かり、

18□《はな》を高くしている。

10 スポーツと学 19□《ぎょう》を、

20□《りょう》立させる。

実力完成《かんせい》テスト (3)

時間 40分
合かく 120/150
とく点

(一) つぎの——線の漢字の読みがなを——線の右に書きなさい。 (30) 1×30

1 気配りが足りない人だ。
2 緑色のペンキをぬる。
3 おかの上は、平らだ。
4 旅先から手紙を出す。
5 石が、お金に化けた。
6 トラックの荷台にのる。
7 かぜが、流行している。
8 地味なかっこうをする。
9 商談がうまくいく。

21 午後から来客がある。
22 友人の家は、問屋さんだ。
23 外国に安住の地を見つける。
24 バスの定期けんを買う。
25 姉は、勝ち気なせいかくだ。
26 兄は、薬局で働《はたら》いている。
27 日本には、年号がある。
28 鼻にけがをする。
29 北海道《ほっかいどう》は、畑作がさかんだ。
30 深海にもぐって貝をとる。

(三) (　)の中に漢字を書いて、上とはんたいのいみのことばにしなさい。 (10) 2×5

投げる —— 1(　う　)ける
ふく習 —— 2(　よ　)習
欠《けっ》点 —— 3(　び　)点
答える —— 4(　と　)う
始業 —— 5(　しゅう　)業

10 ビルの 地階 へおりていく。

11 今日の 祭 りが楽しみだ。

12 人生の目的《てき》を 追究 する。

13 父は 九州 に行っている。

14 日本 列島 は、細長い。

15 別《べっ》の 車両 にうつる。

16 兄と 湖 へ出かける。

17 これは父がすきな 名曲 だ。

18 所持品 をチェックする。

19 福引 きの景《けい》品をもらう。

20 ぼくは 体育 がすきだ。

(二) つぎの漢字の太いところは、何番めに書きますか。◯の中に数字を書きなさい。 (10) 1×10

暑 …1 ◯	商 …2 ◯	整 …3 ◯	童 …4 ◯	区 …5 ◯
遊 …6 ◯	様 …7 ◯	服 …8 ◯	配 …9 ◯	勝 …10 ◯

(四) おなじなかまの漢字を□の中に書きなさい。 (20) 2×10

まだれ（广）… 車 1 □《こ》・2 □《にわ》 先

しめすへん（礻）… 朝 3 □《れい》・4 □《しん》 事

にんべん（亻）… 5 □《だい》 金・6 □《し》 者

め（目）… 7 □《しん》 空・8 □《けん》 立

こころ（心）… 9 □《ひ》 運・空 10 □《そう》

（五）　つぎの（　）の中に**漢字**を書きなさい。　(20) 2×10

事けんが、かい1（　）《けっ》する。
頭から出2（　）《けっ》する。
き3（　）《ちょう》な意見を聞く。
銀行で記4（　）《ちょう》する。
5（　）《きゅう》中を見学する。
中6（　）《きゅう》コースで学ぶ。
7（　）《しょう》火器《き》を置《お》く。
8（　）《しょう》和五十年生まれ。
理9（　）《ゆう》を聞きたい。
これは10（　）《ゆう》害《がい》な物しつだ。

（七）　つぎの――線の**漢字**の**読みがな**を――線の**右**に書きなさい。　(10) 1×10

小さいので1返品する。
借《か》りたノートを2返す。
3根気よくがんばる。
木の4根につまずく。
ホームベースを5死守する。
ゴールを6守る。
試《し》合に7勝利《り》する。
自分8勝手なことをする。

3　お5□《さら》に残《のこ》ったスープを、最後《さい》まで6□《の》みほした。

4　手7□《はじ》めに、友だちの文8□《しょう》を読んでみよう。

5　心9□《しん》ともに良《よ》くなり、たい10□《いん》することになった。

6　この本の、11□《はっ》行12□《ぶ》数は、三万ぐらいだ。

(六) つぎの――線の**カタカナ**を◯の中の**漢字**と**おくりがな（ひらがな）**で□の中に書きなさい。 (10) 2×5

〈れい〉 ㊅ 大 オオキイ花がさく。 大きい

1 (落) ハンカチをオトス。 □

2 (開) 運がヒラケル。 □

3 (速) スピードをハヤメル。 □

4 (乗) 母を車にノセル。 □

5 (苦) このお茶は、とてもニガイ。 □

答えを 9 暗記する。

10 暗い夜道を歩く。

(八) つぎの□の中に**漢字**を書きなさい。 (40) 2×20

1 友だちは、不《ふ》 [1]□《どう》の 四番 [2]□《だ》者だ。

2 山田 [3]□《くん》のお父さんは、公む [4]□《いん》だ。

7 今 [13]□《ど》の休日は、こちらの [14]□《つ》合で行けない。

8 かれは、役 [15]□《しゃ》顔 [16]□《ま》けの、うまいえんぎをする。

9 ビルの [17]□《よこ》で、ぼうしを [18]□《ひろ》う。

10 みんなの同 [19]□《い》をえてから、[20]□《いそ》いで出発した。

8級 配当漢字表

〈——は中学校、太字は高校で学習する読み〉

漢字	読み方	画数	部首
悪	アク・オ わる(い)	11	心
安	アン やす(い)	6	宀
暗	アン くら(い)	13	日
医	イ	7	匸
委	イ ゆだ(ねる)	8	女
意	イ	13	心
育	イク・そだ(つ) そだ(てる) はぐく(む)	8	肉
員	イン	10	口
院	イン	10	阝
飲	イン の(む)	12	食
運	ウン はこ(ぶ)	12	辶
泳	エイ およ(ぐ)	8	氵
駅	エキ	14	馬
央	オウ	5	大
横	オウ よこ	15	木
屋	オク や	9	尸
温	オン・あたた(か) あたた(かい)・あたた(まる) あたた(める)	12	氵
化	カ・ケ ば(ける)・ば(かす)	4	匕
荷	カ に	10	艹
界	カイ	9	田
開	カイ ひら(く)・ひら(ける) あ(く)・あ(ける)	12	門
階	カイ	12	阝
寒	カン さむ(い)	12	宀
感	カン	13	心
漢	カン	13	氵
館	カン やかた	16	食
岸	ガン きし	8	山
起	キ お(きる)・お(こる) お(こす)	10	走
期	キ ゴ	12	月《つき》
客	キャク カク	9	宀
究	キュウ きわ(める)	7	穴
急	キュウ いそ(ぐ)	9	心
級	キュウ	9	糸
宮	キュウ・グウ ク・みや	10	宀
球	キュウ たま	11	王
去	キョ・コ さ(る)	5	厶
橋	キョウ はし	16	木
業	ギョウ・ゴウ わざ	13	木
曲	キョク ま(がる)・ま(げる)	6	日
局	キョク	7	尸
銀	ギン	14	金
区	ク	4	匸
苦	ク・くる(しい) くる(しむ)・くる(しめる) にが(い)・にが(る)	8	艹
具	グ	8	八
君	クン きみ	7	口
係	ケイ かか(る)・かかり	9	亻
軽	ケイ・かる(い) かろ(やか)	12	車
血	ケツ ち	6	血
決	ケツ き(める)・き(まる)	7	氵
研	ケン と(ぐ)	9	石
県	ケン	9	目
庫	コ ク	10	广
湖	コ みずうみ	12	氵
向	コウ む(く)・む(ける) む(かう)・む(こう)	6	口
幸	コウ さいわ(い) さち・しあわ(せ)	8	干
港	コウ みなと	12	氵
号	ゴウ	5	口
根	コン ね	10	木
祭	サイ まつ(る)・まつ(り)	11	示
皿	さら	5	皿

漢字	読み方	画数	部首
仕	シ・ジ つか(える)	5	亻
死	シ し(ぬ)	6	歹
使	シ つか(う)	8	亻
始	シ はじ(める) はじ(まる)	8	女
指	シ ゆび・さ(す)	9	扌
歯	シ は	12	歯
詩	シ	13	言
次	ジ・シ つ(ぐ)・つぎ	6	欠
事	ジ・ズ こと	8	亅
持	ジ も(つ)	9	扌
式	シキ	6	弋
実	ジツ み・みの(る)	8	宀
写	シャ うつ(す)・うつ(る)	5	冖
者	シャ もの	8	耂
主	シュ・ス ぬし・おも	5	丶
守	シュ・ス まも(る)・も(り)	6	宀
取	シュ と(る)	8	又
酒	シュ さけ・さか	10	酉
受	ジュ う(ける)・う(かる)	8	又
州	シュウ す	6	川
拾	シュウ・ジュウ ひろ(う)	9	扌
終	シュウ お(わる)・お(える)	11	糸
習	シュウ なら(う)	11	羽
集	シュウ あつ(まる) あつ(める)・つど(う)	12	隹
住	ジュウ す(む)・す(まう)	7	亻
重	ジュウ・チョウ え・おも(い) かさ(ねる)・かさ(なる)	9	里
宿	シュク やど・やど(る) やど(す)	11	宀
所	ショ ところ	8	戸
暑	ショ あつ(い)	12	日
助	ジョ・たす(ける) たす(かる)・すけ	7	力
昭	ショウ	9	日
消	ショウ き(える)・け(す)	10	氵
商	ショウ あきな(う)	11	口
章	ショウ	11	立
勝	ショウ か(つ)・まさ(る)	12	力
乗	ジョウ の(る)・の(せる)	9	ノ
植	ショク う(える)・う(わる)	12	木
申	シン もう(す)	5	田
身	シン み	7	身
神	シン・ジン かみ・かん・こう	9	ネ
真	シン ま	10	目
深	シン・ふか(い) ふか(まる) ふか(める)	11	氵
進	シン すす(む) すす(める)	11	辶
世	セイ・セ よ	5	一
整	セイ ととの(える) ととの(う)	16	攵
昔	セキ・シャク むかし	8	日
全	ゼン まった(く) すべ(て)	6	入
相	ソウ・ショウ あい	9	目
送	ソウ おく(る)	9	辶
想	ソウ ソ	13	心
息	ソク いき	10	心
速	ソク・はや(い) はや(める)・はや(まる) すみ(やか)	10	辶
族	ゾク	11	方
他	タ ほか	5	亻
打	ダ う(つ)	5	扌
対	タイ ツイ	7	寸
待	タイ ま(つ)	9	彳
代	ダイ・タイ か(わる)・か(える) よ・しろ	5	亻
第	ダイ	11	竹
題	ダイ	18	頁
炭	タン すみ	9	火
短	タン みじか(い)	12	矢
談	ダン	15	言
着	チャク・ジャク き(る)・き(せる) つ(く)・つ(ける)	12	羊
注	チュウ そそ(ぐ)	8	氵
柱	チュウ はしら	9	木
丁	チョウ テイ	2	一
帳	チョウ	11	巾
調	チョウ・しら(べる) ととの(う) ととの(える)	15	言
追	ツイ お(う)	9	辶

漢字	読み方	画数	部首
定	テイ・ジョウ さだ(める) さだ(まる)・さだ(か)	8	宀
庭	テイ にわ	10	广
笛	テキ ふえ	11	⺮
鉄	テツ	13	金
転	テン・ころ(がる) ころ(げる) ころ(がす)・ころ(ぶ)	11	車
都	ト・ツ みやこ	11	阝
度	ド・ト・タク たび	9	广
投	トウ な(げる)	7	扌
豆	トウ・ズ まめ	7	豆
島	トウ しま	10	山
湯	トウ ゆ	12	氵
登	トウ・ト のぼ(る)	12	癶
等	トウ ひと(しい)	12	⺮
動	ドウ うご(く) うご(かす)	11	力
童	ドウ わらべ	12	立
農	ノウ	13	辰
波	ハ なみ	8	氵
配	ハイ くば(る)	10	酉
倍	バイ	10	亻
箱	はこ	15	⺮
畑	はた はたけ	9	田
発	ハツ ホツ	9	癶
反	ハン・ホン・タン そ(る)・そ(らす)	4	又
坂	ハン さか	7	土
板	ハン・バン いた	8	木
皮	ヒ かわ	5	皮
悲	ヒ かな(しい) かな(しむ)	12	心
美	ビ うつく(しい)	9	羊
鼻	ビ はな	14	鼻
筆	ヒツ ふで	12	⺮
氷	ヒョウ こおり・ひ	5	水
表	ヒョウ・おもて あらわ(す) あらわ(れる)	8	衣
秒	ビョウ	9	禾
病	ビョウ・ヘイ や(む)・やまい	10	疒
品	ヒン しな	9	口
負	フ ま(ける)・ま(かす) お(う)	9	貝
部	ブ	11	阝
服	フク	8	月《つきへん》
福	フク	13	礻
物	ブツ・モツ もの	8	牛
平	ヘイ・ビョウ たい(ら)・ひら	5	干
返	ヘン かえ(す)・かえ(る)	7	辶
勉	ベン	10	力
放	ホウ・はな(す) はな(つ)・はな(れる) ほう(る)	8	攵
味	ミ あじ・あじ(わう)	8	口
命	メイ・ミョウ いのち	8	口
面	メン おも・おもて つら	9	面
問	モン と(う)・と(い) とん	11	口
役	ヤク エキ	7	彳
薬	ヤク くすり	16	艹
由	ユ・ユウ・ユイ よし	5	田
油	ユ あぶら	8	氵
有	ユウ・ウ あ(る)	6	月《つき》
遊	ユウ・ユ あそ(ぶ)	12	辶
予	ヨ	4	亅
羊	ヨウ ひつじ	6	羊
洋	ヨウ	9	氵
葉	ヨウ は	12	艹
陽	ヨウ	12	阝
様	ヨウ さま	14	木
落	ラク お(ちる)・お(とす)	12	艹
流	リュウ・ル なが(れる) なが(す)	10	氵
旅	リョ たび	10	方
両	リョウ	6	一
緑	リョク・ロク みどり	14	糸
礼	レイ ライ	5	礻
列	レツ	6	刂
練	レン ね(る)	14	糸
路	ロ じ	13	⻊
和	ワ・オ・やわ(らぐ) やわ(らげる) なご(む)・なご(やか)	8	口

▶８級配当 200 字＋９級までの合計 240 字＝**440 字**

答え

漢字検定8級トレーニングノート

（×は、まちがえやすい例《れい》をしめしたものです。）

■2・3ページ

1 漢字の読み❶

1 のうやく
2 しごと
3 ちゅうおう
4 かる
5 ぶちょう
6 しゃこ
7 きゅうしゅう
8 まも
9 ようふく
10 しゅくだい
11 お
12 くる
13 しゅご
14 りょくち
15 たにん
16 き
17 よんかい
18 ゆうぐ
19 しゃこうかい
20 む
21 くうこう
22 さぎょう
23 むしば
24 ひつじ
25 びょういん
26 だいひょう
27 ほうりゅう
28 はたけ　×はた
29 しょうひん
30 しょちゅう
31 ぜんそくりょく
32 たび
33 ち
34 そそ　×つ
35 あそ
36 へんじょう

■4・5ページ

2 漢字の読み❷

1 しんちょう
2 まめ
3 ひょうざん
4 かぞく
5 みやこ　×と
6 つか
7 ちく
8 しま
9 きゅうそく　×きゅうけい
10 お
11 なかにわ　×ちゅうてい
12 さかみち
13 はな
14 しゅうごう
15 あんざん
16 たう
17 きょく
18 じょそう
19 どうじょう
20 しょうか　×しょうけ
21 こくばん
22 さら
23 さむ
24 びょうどう　×へいどう
25 しんぱい
26 かみさま
27 あ　×ひら
28 とう
29 し
30 てっきょう
31 こじょう
32 ひ
33 しか
34 くん
35 さだ
36 ちきゅう

■6・7ページ

3 漢字の読み❸

1 よ　×せ
2 きりつ
3 べんがく
4 しめい
5 あじみ
6 こううん
7 ころ
8 も
9 けんきゅう
10 ごうがい
11 だしゃ
12 せんい　×ふない
13 こんき
14 さ
15 みや
16 もう
17 せんしゅてん
18 ぎんこう
19 かかりちょう
20 ようしゅ
21 はんたい

チェックしよう

▼音読みと訓読《くん》み

漢字の読みには、音読みと訓読みがあります。中には、音読みだけ、訓読みだけという漢字もありますが、この二つを正確《せいかく》に覚《おぼ》えるようにしましょう。

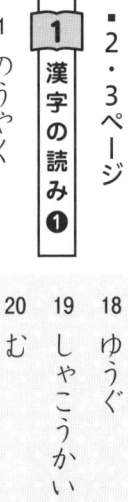

22 きょういん
23 じゅわ
24 はな
25 す
26 いそ
27 くらく ×くがく
28 じぬし ×ぢぬし
29 あつ
30 ふくび
31 すうびょう
32 さいわ
33 かさ
34 かおく
35 ひといちばい
36 しゅうてん

4 漢字の読み❹

■8・9ページ

1 いのち
2 しゅっけつ
3 ひろ
4 しょゆう
5 あくにん
6 あつ
7 だいさんしょう
8 あまやど ×あめやど
9 かわぎし
10 とうこう
11 しゅ
12 きょういく
13 きたい
14 らくよう ×おちば
15 ちょうめん
16 かな
17 し
18 けいしょく
19 れんしゅう
20 と
21 の
22 おんど
23 せいし ×しょうし
24 よそう
25 ゆらい ×ゆうらい
26 まった
27 はしらどけい
28 け
29 くちぶえ
30 ま
31 たいじゅう
32 さ
33 ぜんやさい
34 ちょうせい
35 けんりつ
36 つか

5 漢字の読み❺

■10・11ページ

1 えきまえ
2 お
3 れい
4 じじょ
5 ば
6 な
7 お
8 かんしん
9 かんぱ
10 かいがん ×うみぎし
11 き
12 びじん
13 う
14 きゃくせん
15 せい
16 まよなか
17 しはつ
18 いんよう ×のみよう
19 たいし
20 にゅうがくしき
21 わるぎ ×あっき
22 はこ
23 みどころ
24 およ
25 しょうぶ
26 みの
27 やまい
28 と
29 たす
30 にんきもの ×にんきしゃ
31 かんちょう
32 しょくりん
33 はぐく ×いく
34 じんじゃ
35 きみ
36 しゃくしょ

6 漢字の読み❻

■12・13ページ

1 くら
2 おうきゅう
3 こうがくしん
4 てはじ
5 にもつ ×かもつ
6 ふか
7 どうわ
8 せきたん
9 いっちょうめ
10 みうご
11 ふで
12 ゆだ ×まか
13 きゅうよう
14 とどの
15 うんそう
16 あいて
17 かいかい
18 しんろ
19 やかた
20 しょじ
21 ぎょうれつ
22 おうてん ×よこころび
23 りょうしん
24 しめい
25 かんすうじ
26 うつ
27 つ
28 いっちょういったん
29 お
30 ほんきょく
31 むかしばなし
32 すいえい
33 けい

34 み
35 きゅうゆう
36 しょうわ

7 ■14・15ページ 漢字の書き❶

1 短　2 葉　3 屋　4 根　5 注　6 意　7 荷　8 物　9 波　10 港　11 写　12 真　13 有　14 祭　15 勝　16 負　17 流　18 運　19 次　20 曲　21 決　22 定　23 庫　24 由　25 島 ×鳥　26 油 ×湯　27 去　28 登 ×上　29 深 ×真　30 発　31 研　32 究　33 豆　34 丁　35 医　36 者　37 指　38 待　39 筆　40 帳 ×長　41 氷　42 飲　43 都　44 進　45 式　46 横　47 委　48 員　49 住　50 所　51 駅　52 転

8 ■16・17ページ 漢字の書き❷

1 宿　2 乗　3 農　4 着　5 板　6 真 ×間　7 章　8 練　9 路　10 急　11 主　12 陽　13 央 ×王　14 向　15 役　16 決　17 歯　18 悪　19 州　20 県　21 館　22 開　23 旅　24 起　25 苦　26 味　27 仕　28 送　29 神 ×親　30 始 ×初　31 相　32 談　33 息　34 重　35 族　36 集　37 死　38 去　39 身　40 等　41 使　42 反　43 童　44 返 ×帰　45 品　46 物　47 漢　48 薬　49 炭　50 屋　51 階　52 悲

9 ■18・19ページ 漢字の書き❸

1 平　2 和　3 湯　4 注　5 商　6 業　7 調　8 味　9 羊　10 遊　11 様 ×洋　12 式　13 実　14 安　15 病　16 院　17 級　18 待　19 落　20 第 ×題　21 橋　22 宮　23 係　24 起　25 具　26 庫　27 遊　28 泳　29 庭　30 転　31 柱　32 打　33 身　34 動　35 反　36 投　37 服　38 整　39 短　40 期　41 昔　42 都　43 球 ×求　44 根　45 湖　46 守　47 緑　48 美　49 笛　50 港　51 重　52 病

10 ■20・21ページ 漢字の書き❹

1 庭　2 列　3 薬　4 箱　5 悪　6 化　7 球 ×玉　8 拾　9 投　10 代 ×変　11 君　12 委　13 銀　14 使　15 湖　16 面　17 使　18 命　19 波　20 受　21 表　22 打　23 全　24 終　25 有　26 様　27 練　28 習　29 部　30 開 ×明　31 客　32 受　33 畑　34 植　35 倍　36 柱　37 所　38 運　39 植　40 動　41 具　42 筆　43 平　44 泳　45 問　46 題　47 血　48 相　49 屋　50 温　51 寒　52 暑

11 ■22・23ページ 漢字の書き❺

1 路　2 旅

37 区　35 福　33 豆　31 昭　29 畑　27 写　25 乗　23 鉄　21 物　19 様　17 苦　15 局　13 落　11 集　9 感　7 習　5 主　3 流

38 整　36 神　34 配　32 和　30 育　28 実　26 客　24 決　×紙　22 詩　×使　20 仕　×帰　18 返　16 調　14 消　12 開　×相　10 想　8 助　6 事　×早　4 速

12 漢字の書き❻ ■24・25ページ

21 鼻　19 持　17 始　15 祭　13 曲　11 度　9 暗　7 羊　5 住　3 消　1 皿

22 血　20 主　×中　18 終　16 礼　14 階　12 予　10 号　8 放　6 湖　4 去　2 豆

51 両　49 岸　×羊　47 洋　45 世　43 死　41 服　39 急

52 面　50 宿　48 酒　46 界　44 悲　42 着　40 列

13 ひつじゅん❶ ■26・27ページ

7 6　5 6　3 5　1 10

8 10　6 11　4 5　2 2

51 油　49 調　47 部　45 代　43 幸　41 化　39 銀　37 族　×負　35 追　33 向　31 申　29 秒　27 苦　25 他　23 題

52 追　50 坂　48 勉　46 表　44 事　42 深　40 軽　38 他　36 助　34 岸　32 対　30 進　28 重　26 皮　24 取

14 ひつじゅん❷ ■28・29ページ

7 8　5 8　3 6　1 8

8 8　6 9　4 12　2 5

39 5　37 7　35 9　33 6　31 3　29 9　27 6　25 7　23 5　21 10　19 7　17 4　15 5　13 6　11 10　9 4

38 8　36 6　34 4　32 11　30 9　28 6　26 8　24 8　22 5　20 5　18 8　16 6　14 9　12 6　10 10

35 12　33 9　31 6　29 4　27 8　25 7　23 6　21 3　19 6　17 7　15 5　13 7　11 7　9 4

36 7　34 6　32 10　30 6　28 9　26 9　24 6　22 5　20 7　18 4　16 9　14 8　12 6　10 6

チェックしよう

▼ひつじゅんとは

「右」と「左」は、にたような漢字ですが、「右」は「ノ」から、「左」は「一」から書きます。

ひつじゅんを覚《おぼ》えておくと、字が**書きやすく**、また、**きれいに書ける**ようになります。

15 対義語❶ ■30・31ページ

19 死　17 習　15 曲　13 着　11 横　9 軽　7 登　5 寒　3 負　1 問

20 両　18 苦　16 消　14 守　12 悲　10 起　8 短　6 動　4 暗　2 始

39 8　37 7

38 4

（15 続き）
21 昔　22 対
23 安　24 乗
25 開　26 集

16 対義語❷ ■32・33ページ

1 登　2 拾
3 進　4 和
5 投　6 悪
7 苦　8 去
9 追　10 深
11 安　12 福
13 決　14 曲
15 他　16 返
17 全　18 送
19 去　20 有
21 平　22 美
23 始　24 起
25 想　26 暑

17 同じ部首の漢字❶ ■34・35ページ

1 洋　2 泳
3 持　4 投
5 意　6 急
7 倍　8 仕
9 題　10 顔
11 薬　12 荷
13 根　14 柱
15 庭　16 庫
17 遊　18 返
19 員　20 商
21 発　22 登
23 転　24 軽
25 院　26 陽
27 銀　28 鉄
29 宿　30 客
31 神　32 礼
33 動　34 助
35 屋　36 局
37 放　38 整
39 館　40 飲
41 詩　42 談
43 旅　44 族
45 都　46 部
47 終　48 級
49 役　50 待
51 筆　52 箱

18 同じ部首の漢字❷ ■36・37ページ

1 拾　2 打
3 勝　4 勉
5 両　6 世
7 暗　8 昭
9 定　10 守
11 速　12 進
13 緑　14 練
15 悪　16 息
17 由　18 畑
19 向　20 命
21 代　22 他
23 苦　24 葉
25 油　26 流
27 県　28 相
29 童　30 章
31 取　32 反
33 羊　34 美
35 橋　36 板
37 医　38 区
39 短　40 知
41 度　42 店
43 前　44 列
45 期　46 有
47 秒　48 科
49 次　50 歌
51 考　52 者

19 同じ読みの漢字❶ ■38・39ページ

1 央　2 横
3 福　4 服
5 住　6 重
7 写　8 者
9 第　10 代
×題
11 意　12 医
13 委　14 相
15 想　16 送
17 寒　18 館
19 昭　20 消
21 章　22 勝
23 詩　24 使
25 始　26 指
27 界　28 階
29 開　30 終
31 習　32 州
33 進　34 深
35 身　36 神

20 同じ読みの漢字❷ ■40・41ページ

1 注　2 柱
3 館　4 感
5 登　6 等
7 有　8 由
9 起　10 期
11 陽　12 様
13 洋　14 球
15 級　16 究
17 短　18 炭
19 定　20 庭
21 帳　22 丁
23 調　24 豆
25 島　26 湯
27 員　28 飲
29 院　30 仕
31 始　32 歯
33 取　34 守

チェックしよう

▼対義語《たいぎご》と同義語

反対の意味の言葉を「**対義語**」、同じ意味の言葉を「**同義語**」といいます。

「長所」と「短所」は対義語、「長所」と「美点」、「短所」と「欠点」は、それぞれ同義語になります。

35 主
36 酒

21 漢字とおくりがな ❶
■42・43ページ

1 安い
2 暗い
3 動かす
4 進める
5 拾う
6 流れる
7 守る
8 助ける
9 苦しい
10 育てる
11 泳ぐ
12 曲がる
13 短い ×短かい
14 調べる
15 等しい
16 深い
17 悲しい
18 植える
19 美しい
20 幸せ
21 急ぐ
22 配る

22 漢字とおくりがな ❷
■44・45ページ

1 味わう
2 習う
3 宿す
4 実る
5 決める
6 全く
7 重なる
8 係る
9 受ける
10 転がす
11 整える
12 負ける
13 表す ×表わす
14 起きる
15 注ぐ
16 平ら
17 化ける
18 仕える
19 祭り
20 定める
21 向ける
22 幸い

23 音読みと訓読み ❶
■46・47ページ

1 へんじ
2 かえ
3 ちゃくもく
4 つ
5 おくない ×やない
6 や
7 こくばん
8 いた
9 かいがん
10 きし
11 ぶひん
12 しな
13 はんかん
14 そ
15 うんきゅう
16 はこ
17 ほどうきょう
18 はし
19 かがく
20 ば
21 でんちゅう
22 はしら
23 じだい
24 か
25 たんか
26 みじか
27 ていえん
28 にわ
29 どうじょう
30 の
31 せきゆ
32 あぶら
33 じそく
34 はや
35 しんきょく
36 ま

24 音読みと訓読み ❷
■48・49ページ

1 ほうりゅう
2 はな
3 りょこう
4 たび
5 おんど
6 あたた
7 あんき
8 くら
9 じつわ
10 み
11 じゅうしん
12 かさ
13 きてき
14 ふえ
15 どうよう
16 おうさま
17 ほうこう
18 む
19 えんえい
20 およ
21 ちゅうもん
22 そそ
23 しんぱい
24 くば
25 ろせん
26 いえじ ×かじ
27 こじょう
28 みずうみ

チェックしよう

▼同音異義語《どうおんいぎご》

「消火」「消化」「商家」のように、読みが同じで意味がことなる言葉を「**同音異義語**」といいます。

29 あんしん
30 やす
31 たいいくかん
32 はぐく
33 じょげん
34 たす
35 しょうぶ
36 お

■50〜53ページ

実力完成テスト(1)

(一)
1 あつ
2 うわぎ
3 お
4 とかい
5 べんきょう
6 かんそうぶん
7 しま
8 じょう
9 きょねん
10 みなとまち
11 ゆ
12 しょうか
13 きんこ
14 どうわ
15 おうきゅう
16 うがん
17 いちれつ
18 すみび
19 ほんばこ
20 わし
21 しんしゅ
22 ひと
23 らっか
24 わる
25 こうしょう
26 ちゅうもく
27 そうとう
28 ま
29 さら
30 くちぶえ

(二)
1 5
2 5
3 4
4 10
5 6
6 7
7 3
8 5
9 6
10 4

(三)
1 短
2 全
3 重
4 動
5 他

(四)
1 決
2 流
3 品
4 問
5 板
6 横
7 送
8 速
9 安
10 客

(五)
1 県
2 研
3 向
4 幸
5 豆
6 投
7 表
8 氷
9 主
10 守

(六)
1 着ける
2 整える
3 放つ
4 写す
5 開ける

(七)
1 きょういく
2 そだ
3 ききゅう
4 たま
5 けい
6 かかりちょう
7 じゅちゅう
8 う
9 じょげん
10 たす

(八)
1 局
2 丁
3 銀
4 界
5 有
6 集
7 役
8 拾
9 平
10 油
11 祭
12 練
13 具
14 安
15 農
16 羊
17 薬
18 植
19 宿
20 号

■54〜57ページ

実力完成テスト(2)

(一)
1 うえき
2 しょうそく
3 かるいし
4 ついそう
5 かんない
6 はじ
7 こううん
8 えき
9 めいあん
10 きゃく
11 きゅうびょう
12 きごう
13 だいめい
14 にぐるま
15 だいちょう
16 じょうしゃ
17 しゅうごう
18 ばしょ
19 あくい
20 りゅうひょう
21 けっき
22 しそく
23 しよう
24 さむぞら
25 いがくぶ
26 れいふく
27 しんしき
28 さかや
29 やど
30 もう

(二)
1 3
2 4
3 6
4 5
5 12
6 7
7 6
8 5
9 5
10 7

(三)
1 苦　2 死　3 開　4 拾　5 乗

(四)
1 有　2 期　3 級　4 緑　5 助　6 勝　7 登　8 発　9 畑　10 由

(五)
1 洋　2 羊　3 薬　4 役　5 次　6 持　7 院　8 員　9 終　10 習

(六)
1 温める　2 化かす　3 起こす　4 転がる　5 配る

(七)
1 しんぽ　2 すす　3 げしゅく　4 あまやど　5 ろめん　6 たびじ　7 ひにく　8 かわ　9 じょうひん　10 しなぎ

(八)
1 平　2 陽　3 列　4 様　5 短　6 世　7 昔　8 銀　9 第　10 曲　11 重　12 動　13 港　14 岸　15 式　16 申　17 受　18 鼻　19 業　20 両

■58～61ページ　実力完成テスト(3)

(一)
1 きくば　2 みどりいろ　3 たい　4 たびさき　5 ば　6 にだい　7 りゅうこう　8 じみ　9 しょうだん　10 ちかい　11 まつ　12 ついきゅう　13 きゅうしゅう　14 れっとう　15 しゃりょう　16 みずうみ　17 めいきょく　18 しょじひん　19 ふくび　20 たいいく　21 らいきゃく　22 とんや(といや)　23 あんじゅう　24 ていき　25 か　26 やっきょく　27 ねんごう　28 はな　29 はたさく　30 しんかい

(二)
1 8　2 7　3 10　4 10　5 2
6 9　7 10　8 6　9 8　10 9

(三)
1 受　2 予　3 美　4 問　5 終

(四)
1 庫　2 庭　3 礼　4 神　5 代　6 使　7 真　8 県　9 悲　10 想

(五)
1 決　2 血　3 重　4 帳　5 宮　6 級　7 消　8 昭　9 由　10 有

(六)
1 落とす　2 開ける　3 速める　4 乗せる　5 苦い

(七)
1 へんぴん　2 かえ　3 こんき　4 ね　5 ししゅ　6 まも　7 しょう　8 かって　9 あんき　10 くら

(八)
1 動　2 打　3 君　4 員　5 皿　6 飲　7 始　8 章　9 身　10 院　11 発　12 部　13 度　14 都　15 者　16 負　17 横　18 拾　19 意　20 急